Cállate y Emprende
GUÍA PRÁCTICA PARA EMPRENDEDORES TECNOLÓGICOS

CRISTIAN TALA

Copyright © 2024 por Cristian Tala Sánchez

Todos los derechos reservados.

Publicado en septiembre de 2024.

Autopublicado por **Cristian Tala Sánchez**.

cristiantala.cl

Este libro está protegido por las leyes de derechos de autor aplicables. Se permite la reproducción, distribución y comunicación pública bajo los términos de la siguiente licencia:

Este trabajo se distribuye bajo una **Licencia Creative Commons Atribución-No Comercial 4.0 Internacional (CC BY-NC 4.0)**. Esto significa que puedes compartir y adaptar el contenido del libro, siempre que se atribuya el crédito adecuado al autor (**Cristian Tala Sánchez**) y que no se use con fines comerciales sin su consentimiento. Para usos comerciales o licencias específicas, por favor visita cristiantala.cl para obtener más información o contactar directamente.

Se prohíbe la reproducción de este libro para la venta sin la autorización expresa del autor. La infracción de los derechos de autor está sujeta a sanciones civiles y penales, conforme a las leyes de propiedad intelectual vigentes.

Primera edición, septiembre 2024.

A todos los emprendedores que, como yo, han sentido el peso de los desafíos y la incertidumbre, pero siguen adelante con convicción. A quienes han caído, se han levantado y han aprendido que el camino hacia el éxito está lleno de lecciones valiosas.
Este libro es para ustedes, los que se atreven a soñar en grande, a construir desde cero y a transformar problemas en oportunidades.
Y, sobre todo, para mi familia y amigos, quienes siempre estuvieron ahí, recordándome que cada paso, por difícil que parezca, vale la pena.

Índice

Acerca del Autor — vii
Introducción — ix

1. **EXPLORANDO EL EMPRENDIMIENTO COMO OPCIÓN DE CARRERA** — 1
   ¿Es el emprendimiento adecuado para todos? — 1
   ¿Qué significa realmente ser emprendedor? — 2
   Diferentes Tipos de Emprendimiento (Freelancer, Solopreneur, Emprendedor Tradicional, Startup) — 4

2. **ENCONTRANDO TU PROPÓSITO DE VIDA** — 10
   ¿Cómo tu propósito personal puede alinearse con tu negocio? — 10
   El Rol de la Pasión en el Éxito — 13

3. **VALIDACIÓN DEL MERCADO Y EL PRODUCTO MÍNIMO VIABLE (MVP)** — 22
   La Importancia de No Enamorarse de la Solución, Sino del Problema — 22
   ¿Cómo construir un MVP efectivo? — 26
   Técnicas para validar tu producto en el mercado real sin gastar demasiado tiempo ni dinero — 29
   Ejemplos de MVP Exitosos — 33

4. **ENCONTRANDO EL FIT ENTRE EL PRODUCTO Y EL MERCADO** — 38
   Qué es el Product-Market Fit y cómo lograrlo — 38
   Signos de que has encontrado el mercado correcto — 43
   Ajustes y pivotes: Qué hacer si no llegas al Product-Market Fit — 46

5. CRECIMIENTO Y ESCALABILIDAD — 51
Estrategias para crecer de manera sostenible — 51
Claves para escalar una startup tecnológica — 55
Casos prácticos de escalabilidad — 60

6. GESTIÓN DE TIEMPO Y RECURSOS — 65
Cómo organizar tu tiempo en las primeras etapas del emprendimiento — 65
La importancia de priorizar tareas y delegar — 69
Herramientas recomendadas para la gestión del tiempo — 73

7. CONSEJOS DE FUNDADORES EXPERIMENTADOS — 79
Lecciones clave de fundadores exitosos — 79
Qué evitar y cómo aprender de los errores de otros — 84

8. PREPARACIÓN PARA INVERSIONES — 91
¿Cuándo y cómo buscar inversión? — 91
Qué buscan los inversores en startups tecnológicas — 97
Cómo presentar tu startup a inversores — 102

9. CONCLUSIÓN — 108
Resumen de los puntos clave — 108
Motivación para los emprendedores: El camino puede ser difícil, pero vale la pena — 113

Notas — 115

Acerca del Autor

Soy **Cristian Tala Sánchez**, y mi vida como emprendedor ha estado llena de desafíos, fracasos y logros que me han dejado lecciones invaluables. Durante más de **20 años** he estado inmerso en el mundo de la tecnología y el emprendimiento, un viaje que me ha permitido no solo aprender a **superar obstáculos**, sino también a **encontrar soluciones** donde muchos solo ven problemas.

Mi experiencia más significativa fue fundar **Pago Fácil**, una startup chilena de pagos que comenzó con más ganas que recursos. Como **solofounder**, tuve que aprender a la fuerza lo que significa estar al frente de cada aspecto del negocio: desde escribir líneas de código hasta gestionar operaciones y lidiar con el crecimiento mientras construía algo que pudiera sostenerse en el tiempo. El proceso fue arduo, con jornadas interminables que me hicieron enfrentar las realidades de la **soledad emprendedora**, el **burnout** y la necesidad de aprender a **delegar y confiar en un equipo**.

La relevancia de este conocimiento radica en que no está basado en teoría o manuales de cómo se deberían hacer las cosas. Está basado en **la realidad cruda del día a día emprendedor**: en lo que sale bien, lo que se aprende al fallar y lo que realmente hace la diferencia cuando decides lanzarte al vacío sin saber cómo aterrizar. Este libro recoge lecciones prácticas de **mis fracasos y éxitos**, pero también de las muchas startups que he visto despegar y otras tantas que no lo lograron.

Hoy en día, como mentor e inversionista en **Ecosistema**

Startup, comparto estas lecciones no como reglas inquebrantables, sino como **guías flexibles** que pueden ayudarte a ver los problemas desde una perspectiva diferente. Mi objetivo es que este libro sirva como una **herramienta de reflexión**, donde puedas reconocer que las experiencias difíciles son parte del proceso, pero que también **existen maneras más inteligentes** de enfrentarlas.

La relevancia de este conocimiento reside en que es real, está probado, y proviene de alguien que ha estado en las trincheras. **Emprender no se trata de seguir una fórmula perfecta**; se trata de **adaptarse, perseverar** y, sobre todo, **aprender constantemente**. Eso es lo que quiero compartir contigo aquí: no una guía rígida, sino un conjunto de experiencias que te ayudarán a enfrentar tu propio viaje emprendedor con mayor claridad y menos incertidumbre.

instagram.com/cristiantalasanchez
linkedin.com/in/ctala
tiktok.com/@cristiantalasanchez

Introducción

EL PROPÓSITO DEL LIBRO

Emprender en tecnología no es fácil, pero tampoco debería ser un salto al vacío sin una guía. Después de más de 20 años en el mundo de la tecnología y el emprendimiento, he visto demasiadas personas fracasar, no porque no lo intentaron, sino porque no supieron **cómo empezar** o **cómo mantener** su negocio en marcha. Algunos simplemente nunca se animaron a intentarlo. Este libro nace con el propósito de **cerrar esa brecha**: ayudarte a dar el primer paso con confianza y equiparte con las herramientas prácticas y emocionales necesarias para construir y escalar una startup tecnológica.

Mi camino como fundador no ha sido lineal ni lleno de éxitos inmediatos. Fundé **Pago Fácil** como un solofounder, y la realidad fue que tuve que aprender a golpes muchas de las lecciones que aquí comparto. Mi rutina era agotadora: trabajar casi 24/7, comenzando a las 5:30 am, terminando tarde en la noche y dedicando los fines de semana a desarrollar código. Esa experiencia me enseñó mucho, pero también me mostró que,

INTRODUCCIÓN

con el enfoque correcto, **no tienes que sacrificarlo todo** para ser exitoso.

El objetivo de **"Shut Up and Startup"** es ofrecerte una **guía directa y sin rodeos** para que puedas evitar errores comunes y acelerar tu proceso de crecimiento. No voy a darte recetas mágicas ni fórmulas perfectas, porque no existen. En su lugar, te ofrezco **consejos prácticos** basados en mis fracasos y éxitos, así como en los aprendizajes que he adquirido mentoreando a otros emprendedores y **viendo desde adentro cómo startups logran (o fallan en) despegar**.

El enfoque está en las startups tecnológicas, pero las lecciones que encontrarás aquí pueden aplicarse a muchos tipos de emprendimientos. **Este libro no es teoría**, es una **guía práctica** que abarca desde cómo validar tu idea con un **MVP** hasta cómo encontrar el fit entre tu producto y el mercado, cómo gestionar tu tiempo y cómo escalar una vez que has encontrado el camino correcto.

Mi misión es **desmitificar el proceso emprendedor**, mostrarte que no necesitas ser un genio para empezar y ayudarte a entender que **la verdadera clave está en la ejecución** y en la capacidad de adaptarse. Quiero que este libro te sirva como una brújula en el mundo caótico de las startups, para que puedas tomar decisiones con mayor seguridad y enfoque.

El fracaso es parte del viaje, pero también lo es el éxito, y con las herramientas correctas, estarás mucho más cerca de construir algo que no solo funcione, sino que **crezca y tenga impacto real**. Al final del día, como siempre digo, la mayor derrota es no haberlo intentado.

~

INTRODUCCIÓN

UNA VISIÓN CLARA SOBRE LO QUE EL LECTOR APRENDERÁ

En este libro, no encontrarás fórmulas mágicas ni recetas universales para el éxito, porque en el mundo del emprendimiento, especialmente en el tecnológico, **no existen caminos lineales ni seguros**. Lo que sí encontrarás es un conjunto de **experiencias reales, lecciones aprendidas a través de fracasos** y estrategias que te ayudarán a **evitar errores comunes** y **emprender de manera más eficiente**.

Como emprendedor tecnológico, uno de los mayores desafíos es **equilibrar tu pasión por la innovación con la realidad de construir un negocio sostenible**. En este libro, aprenderás a:

1. **Validar tu idea antes de invertir demasiado tiempo y recursos.** Uno de los errores más comunes que veo en emprendedores —y que también cometí— es **enamorarse de la solución y no del problema**. Aquí descubrirás cómo enfocarte en el problema que estás resolviendo, cómo construir un **MVP (Producto Mínimo Viable)** y validar tu idea en el mercado real antes de escalar.
2. **Evitar los errores de enfoque.** Las startups suelen fallar no por falta de ideas, sino por falta de enfoque. Muchas veces, los fundadores se pierden en proyectos paralelos o en desarrollar características innecesarias. Aprenderás a **priorizar lo que realmente importa** y a **enfocarte en el cliente**, no en la tecnología.
3. **Gestionar tu tiempo y energía sin quemarte.** El **burnout** es un riesgo real, y lo viví de primera mano. En este libro, compartiré estrategias sobre

INTRODUCCIÓN

cómo gestionar tu tiempo de manera eficiente y construir una rutina que te permita **ser productivo sin sacrificar tu bienestar personal**
.
4. **Construir un equipo sólido y complementario**. Como solofounder, cometí el error de intentar hacer todo solo. En este libro, aprenderás por qué es esencial **rodearte de personas que complementen tus habilidades** y cómo elegir socios y empleados que compartan tu visión y te ayuden a crecer.
5. **Tomar decisiones más informadas y reducir la incertidumbre**. Emprender es un camino lleno de incertidumbre, pero no siempre tienes que lanzarte al vacío sin prepararte. Este libro te ayudará a **minimizar los riesgos** y a tomar decisiones más inteligentes basadas en datos, feedback de clientes y una estrategia clara.
6. **Cómo y cuándo pivotar**. No todas las ideas iniciales funcionan, y uno de los mayores errores es aferrarse a una idea que no está funcionando. Aprenderás a **reconocer cuándo es necesario pivotar**, ajustar tu enfoque o incluso cambiar completamente tu modelo de negocio.

En resumen, este libro te enseñará a **emprender de manera eficiente**, reduciendo la improvisación y maximizando tus oportunidades de éxito al enfocarte en lo que realmente importa. Aprenderás a evitar los errores más comunes que pueden descarrilar una startup, y lo harás con las herramientas que vienen de experiencias reales y errores que otros ya han cometido, para que tú no tengas que cometerlos.

CAPÍTULO 1
Explorando el Emprendimiento como Opción de Carrera

¿ES EL EMPRENDIMIENTO ADECUADO PARA TODOS?

Una de las primeras preguntas que cualquier persona debe hacerse antes de lanzarse al mundo del emprendimiento es: ¿Es esto realmente para mí?. La realidad es que no todos están hechos para emprender, y no pasa nada si descubres que este camino no es el tuyo. Sin embargo, hay ciertas características, actitudes y formas de pensar que aumentan las probabilidades de que alguien pueda enfrentar con éxito los desafíos de ser emprendedor.

En los primeros años de mi experiencia como emprendedor, especialmente cuando fundé Pago Fácil, viví en carne propia lo que significa dedicar todo tu tiempo y energía a una startup. Mi rutina era extenuante, trabajando desde las 5:30 am hasta la noche, gestionando cada aspecto del negocio mientras trataba de desarrollar el producto y lidiar con las demandas operativas. Para muchos, esta intensidad puede parecer insostenible, y es cierto que en las etapas iniciales del emprendimiento, esa dedicación puede sentirse abrumadora.

∼

¿QUÉ SIGNIFICA REALMENTE SER EMPRENDEDOR?

Ser emprendedor no es solo tener una gran idea o querer ser tu propio jefe. Es un compromiso con la incertidumbre, el aprendizaje constante y el riesgo. Significa enfrentarte a problemas sin solución aparente, aprender a caer y levantarte, y aceptar que vas a cometer errores. El fracaso no es una posibilidad remota, es parte del proceso. Lo viví de primera mano en mis años como fundador y mentor: los fracasos no son el fin, sino oportunidades de aprender.

¿Tienes la capacidad de aprender de los errores?

Una de las claves para saber si el emprendimiento es adecuado para ti es la capacidad de aprender de los fracasos. En este camino, cometer errores es inevitable. El problema no es fallar, sino no saber adaptarse o aprender de esos fracasos. Muchos emprendedores se sabotean a sí mismos porque no quieren reconocer sus errores o piensan que siempre tienen la razón. Si puedes aceptar que el emprendimiento requiere humildad y resiliencia, entonces puede ser adecuado para ti.

¿Estás dispuesto a sacrificar en las primeras etapas?

Otro factor a considerar es la capacidad de sacrificio. En las primeras etapas, especialmente en startups tecnológicas, los emprendedores tienden a trabajar más horas y asumir más responsabilidades de las que un empleo tradicional demandaría. Es probable que tengas que sacrificar tiempo personal, horas de sueño e incluso algunas relaciones personales para hacer que tu proyecto despegue. No significa que emprender te condena a una vida de desequilibrio, pero al principio, necesitarás una gran dosis de determinación y resiliencia para mantenerte enfocado.

No se trata solo de pasión, sino de propósito

Tener pasión por lo que haces es importante, pero no es suficiente. El verdadero combustible para un emprendedor es tener un propósito claro. Debes preguntarte: ¿por qué quiero emprender? ¿Lo hago porque tengo una solución real a un problema o simplemente porque quiero ser mi propio jefe? Si no tienes un propósito claro que te guíe, será mucho más difícil mantener la motivación cuando las cosas se pongan difíciles.

¿Qué tipo de emprendedor quieres ser?

No todas las formas de emprender son iguales, y una parte importante de saber si el emprendimiento es adecuado para ti es entender las diferentes formas de emprender. Puede que te guste la flexibilidad de ser freelancer, o prefieras la autonomía de ser solopreneur. También existe la opción de crear una startup, que implica alto riesgo y expectativas de crecimiento acelerado. No todos los emprendedores tienen que seguir el mismo camino, y encontrar cuál encaja mejor contigo es crucial para tu éxito y satisfacción.

Emprender no es para todos, y eso está bien

Es completamente válido descubrir que el emprendimiento no es tu camino. Hay personas que encuentran mayor satisfacción en roles dentro de organizaciones, donde pueden ejercer su talento sin la presión constante de la incertidumbre y el riesgo financiero que implica ser emprendedor. No hay nada de malo en eso. Lo importante es reconocer si tu personalidad, habilidades y objetivos de vida están alineados con lo que implica ser emprendedor.

~

DIFERENTES TIPOS DE EMPRENDIMIENTO (FREELANCER, SOLOPRENEUR, EMPRENDEDOR TRADICIONAL, STARTUP)

El emprendimiento no es un concepto único ni rígido, y aunque muchos expertos clasifican los tipos de emprendimiento de diversas maneras, mi enfoque personal se basa en **cuatro categorías principales** que he observado y experimentado a lo largo de mi carrera: **Freelancer, Solopreneur, Emprendedor Tradicional** y **Startup**. Cada uno de estos caminos tiene características únicas, ventajas y desafíos particulares. Es importante que identifiques cuál de estos tipos se ajusta mejor a tu visión, propósito y estilo de trabajo.

1. Freelancer

El **freelancer** es quizás la forma más flexible y accesible de emprender. Un freelancer ofrece servicios de manera independiente, eligiendo los proyectos en los que quiere trabajar y gestionando su tiempo de forma autónoma. **No construyes una empresa tradicional**, pero sí te permite vivir de tu conocimiento y habilidades, sin la necesidad de asumir los riesgos y responsabilidades de contratar empleados o manejar una estructura empresarial más compleja.

Ventajas:

- **Flexibilidad total de horario y proyectos**: Puedes elegir en qué trabajar, cuándo hacerlo y para quién.
- **Control absoluto sobre tu carga de trabajo**: No dependes de un equipo ni de grandes infraestructuras.
- Ideal para aquellos que desean emprender sin los riesgos y responsabilidades de una startup o una empresa tradicional.

Desventajas:

- **Inestabilidad en los ingresos**: Los proyectos no siempre son continuos, y puede haber meses sin trabajo.
- **Falta de beneficios laborales**: No tienes seguro de salud, vacaciones pagadas ni otros beneficios típicos de un empleo.
- **Autogestión**: Necesitas ser muy disciplinado para organizar tu tiempo y gestionar múltiples clientes.

Un buen ejemplo de **freelancer exitoso** es alguien como **Peter Parker** (sí, Spider-Man), quien vendía sus fotos al mejor postor en los diarios. No tenía un jefe directo, pero su éxito dependía de su capacidad para autogestionarse y encontrar clientes dispuestos a pagar por su trabajo.

2. Solopreneur

El **solopreneur** es un paso más allá del freelancer. Es alguien que **construye un negocio propio**, pero sin necesariamente expandir su equipo o estructura. Aunque puede contratar servicios externos, el **control total de las decisiones** y el trabajo recae en una sola persona. Es una forma de emprender en la que creas algo desde cero, pero sin la complejidad de una gran organización. Muchos solopreneurs manejan negocios que generan ingresos constantes, pero prefieren **mantener una operación pequeña y manejable**.

Ventajas:

- **Control total** sobre la empresa, las decisiones y el crecimiento.
- **Flexibilidad**, ya que puedes delegar tareas específicas pero sin perder el control.
- **Satisfacción personal** al construir algo propio sin depender de otros socios o inversores.

Desventajas:

- **Carga de trabajo elevada**: Al ser tú el único en el negocio, todo depende de ti.
- **Soledad empresarial**: No tienes un equipo o socios con quienes compartir las decisiones o el éxito.
- **Riesgo financiero**: Como emprendedor solitario, asumes todos los riesgos y puedes sentirte sobrecargado si algo sale mal.

Un ejemplo clásico de un solopreneur es **Mark Zuckerberg en los inicios de Facebook**. Aunque terminó convirtiéndose en una de las startups más grandes del mundo, Zuckerberg comenzó como un solopreneur desarrollando una plataforma para resolver un problema propio.

3. Emprendedor Tradicional

El **emprendedor tradicional** busca construir una empresa estable con potencial de crecimiento a largo plazo. A diferencia del solopreneur, el emprendedor tradicional suele contratar empleados, delegar responsabilidades y enfocarse en **hacer crecer una estructura empresarial más robusta**. Aunque puede estar orientado hacia la tecnología, este tipo de emprendimiento no necesariamente tiene la ambición de disrupción rápida y crecimiento exponencial que caracteriza a las startups.

Ventajas:

- **Estabilidad a largo plazo**: Puedes construir una empresa que funcione durante muchos años, enfocada en el crecimiento sostenido.
- **Generación de empleo**: Si tu propósito incluye **impactar la economía** y generar empleo, este modelo es ideal.
- **Menos presión de crecimiento acelerado**: No tienes la expectativa de multiplicar tus ingresos mes a mes como en una startup.

Desventajas:

- **Mayor responsabilidad administrativa**: Tendrás que gestionar empleados, cumplir con regulaciones y asumir más responsabilidades empresariales.
- **Competencia tradicional**: En mercados más establecidos, la competencia puede ser más dura, lo que dificulta la innovación.

Un ejemplo de un emprendedor tradicional en tecnología podría ser **Tony Stark** (Iron Man). Si bien su empresa tenía un enfoque tecnológico, no estaba orientada a un crecimiento disruptivo o acelerado como el de las startups. En cambio, su empresa creció de forma más **sostenible** y con un enfoque en la **innovación constante**.

4. Startup

El **emprendedor de startups** se diferencia por su enfoque en la **innovación**, el **crecimiento acelerado** y la **capacidad de**

disrupción en el mercado. A diferencia de los emprendedores tradicionales, las startups tienen expectativas de crecimiento **exponencial** y suelen buscar **financiamiento externo** para alcanzar ese objetivo rápidamente. Emprender en una startup implica lidiar con grandes dosis de incertidumbre, presión y competencia, pero también es una de las formas más emocionantes de crear algo con alto impacto.

Ventajas:

- **Potencial de crecimiento rápido**: Las startups exitosas pueden escalar a una velocidad impresionante.
- **Innovación disruptiva**: Este tipo de emprendimiento busca cambiar industrias completas, lo que puede generar un impacto significativo.
- **Oportunidades de inversión**: Atraer inversionistas que aporten capital para escalar el negocio es una posibilidad muy real en este modelo.

Desventajas:

- **Alta incertidumbre y riesgo**: El 90% de las startups fracasan, y la presión para cumplir con las expectativas de crecimiento es constante.
- **Presión de los inversores**: Si buscas financiamiento, tendrás que responder a las demandas y expectativas de los inversionistas.
- **Gestión compleja**: A medida que la startup crece, tendrás que gestionar tanto el equipo como los recursos de manera eficiente.

Un ejemplo claro de un emprendedor de startup es **Elon**

Musk, que no solo ha creado empresas tecnológicas, sino que ha **disrumpido industrias completas**, desde los autos eléctricos hasta la exploración espacial. Aunque su camino ha estado lleno de desafíos, su enfoque siempre ha sido el crecimiento acelerado y la innovación disruptiva.

Aunque muchos expertos tienen visiones diferentes sobre estas categorías, esta es la manera en la que yo veo los diferentes caminos hacia el emprendimiento. La clave es entender que no hay un enfoque único ni correcto; lo importante es que identifiques cuál de estos modelos se alinea mejor con **tus metas personales, tu estilo de trabajo y el tipo de vida que deseas construir**. No todos estamos hechos para la alta velocidad de las startups, y no todos quieren la estabilidad de un negocio tradicional. **El éxito radica en encontrar lo que mejor funciona para ti**.

CAPÍTULO 2

Encontrando tu Propósito de Vida

¿CÓMO TU PROPÓSITO PERSONAL PUEDE ALINEARSE CON TU NEGOCIO?

Para muchos emprendedores, el viaje hacia el éxito no comienza solo con una buena idea o un deseo de ser independiente; comienza con una pregunta más profunda: **¿Cuál es tu propósito?**. Emprender no es solo una cuestión de ganar dinero o construir una empresa rentable; es una extensión de tus valores, pasiones y lo que realmente quieres lograr en la vida. **Tu propósito personal** puede ser una brújula que guíe cada decisión que tomas como emprendedor, ayudándote a construir algo que no solo te genere ingresos, sino que también te haga sentir **realizado** y en **sintonía con tus metas personales**.

Sin embargo, muchos fundadores fallan en esta alineación. He visto casos de personas que construyen negocios exitosos pero que, después de un tiempo, **pierden la motivación** porque su propósito personal no está alineado con lo que están creando. Este desajuste puede llevar a la frustración y, en el peor de los casos, al abandono del negocio. Por eso, es crucial que te hagas algunas preguntas importantes al comienzo de tu viaje: **¿Qué es lo que realmente quiero lograr?** ¿Cómo puede mi negocio apoyar ese propósito?

El poder del propósito claro

Durante mis años como emprendedor y mentor, he visto que los negocios más exitosos suelen estar alineados con los propósitos más claros. Cuando fundé **Pago Fácil**, lo hice porque vi un problema que me afectaba directamente y que quería resolver para otros. Quería facilitar que los emprendedores y pymes pudieran vender online sin enfrentar las barreras que yo mismo experimenté. **Ese propósito de ayudar a otros emprendedores a tener éxito me mantuvo enfocado**, incluso cuando las cosas se pusieron difíciles. Cuando tu negocio está alineado con tu propósito, la **motivación** y la **resiliencia** se vuelven tus mejores aliadas, porque sientes que estás trabajando en algo que **verdaderamente importa**.

Encuentra tu propósito antes de tu negocio

Uno de los mayores errores que cometen muchos emprendedores es **construir un negocio solo por la oportunidad de mercado** o porque creen que será rentable, sin considerar si ese negocio está alineado con su propósito personal. No se trata solo de encontrar un problema en el mercado, sino de preguntarte: **¿Qué quiero hacer con mi vida?** y **¿Cómo puedo contribuir con lo que sé hacer?**. La alineación entre lo que haces y lo que quieres lograr es clave para la satisfacción a largo plazo.

Por ejemplo, si tu propósito es tener **libertad financiera**, eso podría guiarte hacia un tipo de emprendimiento que te permita **escalar** sin estar atado a cada tarea del día a día, como una startup tecnológica. Por otro lado, si tu propósito es **crear impacto social**, quizás te motive más iniciar un negocio que se enfoque en resolver problemas de tu comunidad o contribuir a causas más grandes. **Ambos caminos**

son válidos, y lo importante es que reflejen lo que realmente quieres lograr.

Cuando el propósito y el negocio no están alineados

Es común que al principio, en medio del frenesí de poner en marcha una idea, no te tomes el tiempo para reflexionar sobre si tu negocio está alineado con lo que realmente te mueve. **Enamorarse de la solución y no del problema** es un error que he visto muchas veces, y que yo mismo cometí. El problema con esta desconexión es que, cuando las cosas se pongan difíciles —y créeme, lo harán—, si no tienes un propósito claro que te guíe, **la motivación desaparecerá rápidamente**.

En mi experiencia, los emprendedores que sobreviven los momentos más duros son aquellos que saben por qué están haciendo lo que hacen. Para mí, ayudar a pymes y emprendedores a vender online me permitió sentirme **conectado** con algo más grande que solo generar ingresos, y esa conexión fue fundamental cuando parecía que no íbamos a sobrevivir.

Herramientas para alinear tu propósito con tu negocio

Para asegurarte de que tu negocio y tu propósito personal estén alineados, pregúntate:

1. **¿Por qué quiero emprender?**: ¿Es por independencia, por impacto social, por curiosidad intelectual? Define la razón central que te mueve a crear algo.
2. **¿Qué problema quiero resolver y cómo está conectado con mi propósito?**: Un propósito claro te ayuda a **enfocarte en el problema correcto**, lo que aumenta las probabilidades de éxito y satisfacción a largo plazo.
3. **¿Qué tipo de vida quiero llevar?**: Algunos emprendedores buscan libertad, otros estabilidad

o impacto. Asegúrate de que el tipo de negocio que estás construyendo te acerque al estilo de vida que deseas.

4. **¿Cómo quiero que mi negocio impacte en el mundo?**: Ya sea que tu propósito sea generar empleo, mejorar la vida de las personas a través de la tecnología o simplemente generar estabilidad financiera para tu familia, mantener ese propósito en mente te permitirá tomar decisiones alineadas a largo plazo.

El propósito como motor de resiliencia

Cuando tienes claro tu propósito, se convierte en tu **fuente de resiliencia**. Emprender es difícil y, en muchas ocasiones, querrás rendirte. Sin embargo, si tu propósito personal está conectado con lo que haces, encontrarás las fuerzas para seguir adelante, incluso en los momentos más duros. Este propósito es lo que te ayudará a **pivotar** cuando sea necesario y a tomar las decisiones difíciles que todo emprendedor enfrenta.

∼

EL ROL DE LA PASIÓN EN EL ÉXITO

La **pasión** es una palabra que se menciona constantemente en el mundo del emprendimiento, y aunque su importancia no puede negarse, en mi experiencia, no es lo único que garantiza el éxito. **La pasión es el combustible**, pero sin una dirección clara, sin un propósito y sin la capacidad de ejecutar, la pasión por sí sola **no es suficiente** para sacar adelante una startup.

Cuando comencé con **Pago Fácil**, mi pasión por la tecnología y por resolver problemas me ayudó a enfrentar días interminables de trabajo. Estaba comprometido con crear una solución que facilitara los pagos en línea para pymes, porque entendía el **dolor real** de aquellos que luchaban por vender en un entorno digital. Sin embargo, si solo hubiera confiado en esa pasión, sin haber aprendido a validar el mercado, a construir un MVP y a gestionar mi tiempo y recursos, **no habría llegado lejos.**

La pasión te da energía, pero no lo es todo

Muchos expertos y libros te dirán que **si sigues tu pasión, el éxito vendrá por sí solo.** Pero la realidad que he vivido y visto en otros emprendedores es más compleja. La pasión puede ser el motor que te impulse a dar el primer paso, pero **no es suficiente para mantener el viaje.** De hecho, la **obsesión con la pasión** puede hacer que te ciegues ante las realidades del mercado o te impida ver que tu idea necesita ajustes. En mi caso, al principio estaba **enamorado de la tecnología** detrás de Pago Fácil, pero pronto entendí que lo que realmente importaba era **resolver el problema del cliente**, no cuán perfecta o avanzada fuera la solución.

La pasión debe estar dirigida hacia el problema, no solo hacia la solución

Uno de los errores que veo a menudo en emprendedores, y que yo mismo cometí, es enamorarse de la solución que han creado en lugar de **centrarse en el problema que están resolviendo.** La pasión por la tecnología, por ejemplo, puede ser una gran ventaja, pero si esa pasión no se traduce en algo que solucione un dolor real en el mercado, se convierte en un obstáculo.

Cuando fundé Pago Fácil, estaba convencido de que la tecnología que estaba desarrollando era impresionante, pero al principio, no estaba enfocando mi pasión en lo correcto. Me llevó un tiempo darme cuenta de que mi verdadera pasión no debía ser por la tecnología en sí, sino por **ayudar a emprendedores y pymes a superar barreras** para vender en línea. Este ajuste de enfoque fue fundamental para que el negocio creciera. **La pasión es esencial**, pero debe dirigirse hacia **resolver un problema real y agregar valor** al mercado.

El equilibrio entre pasión y estrategia

La pasión sin estrategia puede llevarte al agotamiento. He visto a muchos emprendedores que comienzan con una energía inagotable, pero sin un plan claro, se queman rápidamente. La pasión te da el impulso inicial, pero necesitas **una estructura, un plan y una visión a largo plazo** para que tu startup tenga éxito. En los primeros días de Pago Fácil, mi pasión me ayudó a superar la fatiga y el agotamiento, pero también aprendí que **sin organización y sin una estrategia clara**, esa pasión podía convertirse en un motor que me llevaba al **burnout**.

Es por eso que siempre recomiendo encontrar un equilibrio: **no dejes que tu pasión te consuma** al punto de que pierdas de vista la importancia de la planificación y la ejecución. Ser un emprendedor exitoso significa saber cuándo dejar que tu pasión te guíe y cuándo dar un paso atrás y pensar estratégicamente.

Pasión como fuente de resiliencia

A pesar de sus limitaciones, la pasión juega un **papel crucial en la resiliencia emprendedora**. Los momentos difíciles son inevitables, y cuando las cosas se ponen difíciles —como lo harán—, es tu pasión lo que puede ayudarte a seguir adelante. Cuando todo parece estar en contra, la pasión por lo que haces es lo que te empuja a buscar soluciones, a pivotar si es necesario y a seguir luchando por tus objetivos.

Recuerdo haber pasado noches enteras trabajando sin parar, agotado, con la incertidumbre de si Pago Fácil realmente iba a despegar. **Lo que me mantuvo enfocado no fue solo el deseo de éxito financiero**, sino la pasión por ayudar a los emprendedores a superar las barreras del comercio digital. En esos momentos, la pasión fue lo que me permitió encontrar la energía para seguir adelante, incluso cuando parecía que no había salida.

Pasión sí, pero acompañada de ejecución

Como he mencionado antes, **una idea no vale nada sin ejecución**. Lo mismo pasa con la pasión. **La pasión es la chispa inicial**, pero lo que realmente define el éxito es tu capacidad para **convertir esa pasión en acciones concretas**. Muchos emprendedores tienen grandes ideas y están extremadamente apasionados por ellas, pero solo aquellos que **saben cómo ejecutar bien** y adaptarse a las necesidades del mercado logran triunfar.

En mi experiencia, las startups que prosperan son aquellas que combinan una **pasión profunda con la capacidad de ejecución**. Puedes tener la mejor idea del mundo y estar increíblemente apasionado por ella, pero si no tienes el enfoque y la disciplina para llevarla al mercado, no llegarás lejos.

En resumen, la pasión es una parte crucial del éxito, pero no puede ser el único motor que guíe tu emprendimiento. Necesitas equilibrarla con una estrategia clara, una ejecución efectiva y la flexibilidad para ajustar tu rumbo cuando sea necesario. En mi visión, la pasión te lleva a comenzar, pero es la capacidad de **resolver problemas reales, ejecutar bien y adaptarte** lo que realmente determina tu éxito.

Ejercicios prácticos: Definir tu propósito y cómo este se refleja en tu emprendimiento

Uno de los primeros y más importantes pasos para cualquier emprendedor es definir claramente su **propósito personal** y asegurarse de que esté **alineado** con el negocio que desea construir. Como he mencionado a lo largo de mi experiencia, **emprender sin un propósito claro** puede llevar a una desconexión entre lo que haces y lo que realmente quieres lograr. Esa desconexión es una de las razones por las cuales muchos emprendedores pierden motivación o incluso terminan abandonando proyectos. Por eso, te invito a realizar los siguientes ejercicios para reflexionar sobre tu propósito y cómo puedes integrarlo en tu emprendimiento.

Sin embargo, no importa lo lindo o inspirador que sea tu propósito, ni el impacto que estés generando en la sociedad o en tus clientes. Si no construyes un negocio rentable, será imposible seguir cumpliendo con ese propósito a largo plazo. La **rentabilidad** es lo que te permitirá continuar generando el impacto que deseas, por lo que siempre debe ser una prioridad asegurarte de que tu propósito esté acompañado de un modelo de negocio sólido y sostenible.

Ejercicio 1: ¿Cuál es tu propósito personal?

Este ejercicio está diseñado para que explores y definas lo que realmente te mueve. Piensa en tus metas a largo plazo y lo que te motiva a levantarte cada día.

1 Tómate 5 minutos y responde las siguientes preguntas:

- ¿Qué es lo que más disfruto hacer, independientemente de si gano dinero o no?
- ¿Qué es lo que más me motiva o inspira en mi vida diaria?
- ¿Qué legado quiero dejar, no solo en términos de negocios, sino en mi vida en general?
- ¿Qué problemas o situaciones me afectan emocionalmente y me gustaría cambiar o resolver?
- ¿En qué actividades o proyectos siento que puedo trabajar incansablemente sin sentirme agotado?

2 Ahora resume tu propósito en una frase. Esta frase debe capturar el **núcleo de lo que te mueve**. No tiene que ser perfecta ni compleja. Algo simple como: *"Quiero ayudar a las* *pymes a crecer digitalmente"* o *"Mi propósito es crear un impacto positivo en mi comunidad a través de la educación tecnológica".*

3 Reflexiona: ¿Esa frase realmente te representa? Asegúrate de que lo que escribiste no sea una simple respuesta superficial. Si lo es, vuelve a hacer el ejercicio. Si lo sientes auténtico, **guárdalo** como tu propósito guía.

Ejercicio 2: ¿Está tu emprendimiento alineado con tu propósito?

Ahora que has definido tu propósito personal, es importante asegurarte de que tu **emprendimiento esté alineado** con él. Este ejercicio te ayudará a examinar si tu idea o negocio refleja ese propósito.

1 Responde las siguientes preguntas con respecto a tu negocio o idea de negocio:

◦ ¿Este negocio o proyecto resuelve un problema que me apasiona?

◦ ¿Este negocio está alineado con los valores que he definido en mi propósito personal?

◦ **¿Me siento motivado para seguir adelante con este negocio incluso cuando enfrento obstáculos?**

◦ **¿Este negocio tiene un modelo rentable que me permitirá seguir generando impacto?**

◦ ¿Cómo este negocio puede reflejar mi propósito en su misión, visión y operaciones diarias?

◦ ¿Qué impacto tendrá mi negocio en la vida de otras personas y en el mundo?

2 Identifica áreas de desalineación: Si en tus respuestas encuentras que tu negocio no está completamente alineado con tu propósito, no te preocupes. La mayoría de los emprendedores tienen que hacer ajustes en el camino. Escribe las **áreas específicas donde sientes una desconexión** y reflexiona sobre cómo podrías ajustar tu negocio para que refleje mejor tu propósito y, al mismo tiempo, asegúrate de que **pueda generar ingresos** que lo mantengan vivo.

3 Plan de acción:
- Toma una de las áreas donde identificaste desalineación y escribe **tres acciones concretas** que puedas implementar para que tu negocio esté más alineado con tu propósito y que, al mismo tiempo, contribuya a su **rentabilidad**.
- Por ejemplo, si tu propósito es ayudar a las personas a acceder a la tecnología, pero tu negocio no está generando ingresos suficientes, podrías ajustar tu estrategia de precios o explorar nuevos canales de monetización para asegurar su sostenibilidad.
- Asigna un **plazo de tiempo** para implementar esos cambios, por ejemplo, en los próximos tres meses.

Ejercicio 3: Visualización del impacto de tu propósito

Este ejercicio te ayudará a imaginar cómo tu propósito puede influir en el crecimiento de tu emprendimiento y su impacto a largo plazo.

1 Imagina tu negocio dentro de 5 años. Visualiza cómo sería si estuviera completamente alineado con tu propósito y fuera un negocio rentable:
- ¿Cómo interactuarías con tus clientes?
- ¿Qué tipo de productos o servicios estarías ofreciendo?
- ¿Qué tipo de impacto estarías teniendo en tu comunidad o en tu industria?
- **¿Cómo aseguras que este negocio siga siendo rentable para mantener su impacto?**
- ¿Cómo se vería tu día a día sabiendo que estás construyendo algo alineado con lo que te mueve y que, además, genera ingresos?

2 Escribe una descripción detallada de cómo te sientes

y cómo es el negocio en esa visión futura. Usa el presente para hacer más real esa visualización, por ejemplo: *"Me levanto cada día sabiendo que mi empresa ayuda a miles de pequeñas empresas a expandir sus horizontes digitales y es rentable, lo que me permite continuar generando este impacto a largo plazo..."*.

3 Reflexiona sobre los pasos que puedes tomar **hoy** para acercarte a esa visión. Tal vez necesites ajustar tu estrategia, cambiar algunos procesos o incluir nuevos valores en la misión de tu empresa, sin perder de vista la importancia de **mantener la rentabilidad**.

Ejercicio 4: Comunicar tu propósito

Un propósito personal bien definido también debe estar reflejado en la **comunicación** que haces de tu negocio. Este ejercicio te ayudará a plasmar tu propósito en los mensajes clave de tu emprendimiento.

1 Escribe una breve misión para tu negocio, basada en tu propósito personal. Responde a la pregunta: **¿Por qué existe tu negocio y cómo ayuda a los demás?** Al mismo tiempo, asegúrate de que **la misión refleje cómo tu negocio genera ingresos suficientes para mantenerse sostenible**.

   ◦ Ejemplo: *"Mi empresa existe para empoderar a las pymes a través de soluciones tecnológicas accesibles que les permitan crecer en el mercado digital, y lo hacemos de una manera rentable para asegurar la continuidad de nuestro impacto"*.

2 Crea un eslogan o mensaje corto que pueda inspirar a otros y refleje tu propósito. Algo simple, directo y que conecte emocionalmente con tu audiencia.

   ◦ Ejemplo: *"Tecnología que impulsa tu crecimiento y el nuestro"* o *"Impacto y rentabilidad de la mano para un futuro sostenible"*.

3 Integra tu propósito en tu comunicación diaria. Asegúrate de que los mensajes de tu negocio, tanto internos como externos, reflejen tu propósito y la importancia de la rentabilidad. Esto puede ser en redes sociales, en la página web o en la forma en que hablas con los clientes.

Estos ejercicios te ayudarán a **definir tu propósito** y asegurarte de que no solo esté alineado con tu negocio, sino que también sea **sostenible financieramente**. Recuerda que un propósito sin un modelo de negocio rentable no puede sobrevivir a largo plazo, y la rentabilidad es lo que te permitirá seguir generando el impacto que deseas. **En mi visión del emprendimiento**, la pasión y el propósito son esenciales, pero sin la rentabilidad, **no es posible sostener ese impacto en el tiempo**.

CAPÍTULO 3

Validación del Mercado y el Producto Mínimo Viable (MVP)

LA IMPORTANCIA DE NO ENAMORARSE DE LA SOLUCIÓN, SINO DEL PROBLEMA

Uno de los errores más comunes que he visto, y que también cometí al comienzo de mi camino como emprendedor, es **enamorarse de la solución** en lugar de centrarse en el problema real que se está tratando de resolver. Este error, aunque parece inofensivo, puede llevar a perder de vista el **verdadero propósito** del emprendimiento y alejarte del éxito. **Emprender no es sobre lo impresionante que sea tu tecnología o lo avanzada que sea tu solución**; es sobre cuánto valor puedes agregar resolviendo un **problema real para tus clientes**.

Mi experiencia con Pago Fácil

Cuando fundé **Pago Fácil**, estaba convencido de que la solución tecnológica que estaba desarrollando era **la mejor y más eficiente**. Estaba profundamente enfocado en crear una plataforma técnicamente perfecta, optimizando cada detalle. Me enfoqué tanto en construir la **tecnología** que perdí de vista un tiempo lo que realmente importaba: **resolver el dolor de los clientes**.

El problema no era construir la mejor tecnología, sino encontrar una solución que hiciera que las pymes pudieran aceptar pagos en línea de manera simple y efectiva. Al estar tan **enamorado de la solución tecnológica**, al principio no validé adecuadamente si realmente **estaba resolviendo el problema** de la manera más directa posible para los usuarios. Fue un error que tuve que corregir rápidamente al darme cuenta de que lo más importante era **resolver el problema de mis clientes**, no construir algo técnicamente impresionante.

El peligro de enamorarse de la solución

Cuando te enamoras de tu solución —de la idea que tienes, del producto que estás creando o de la tecnología que estás desarrollando— te pones unas **"gafas de amor"** que pueden impedirte ver las necesidades reales de tu mercado. **Este tipo de enamoramiento es peligroso**, porque puede hacerte:

- Ignorar el feedback del cliente.
- Seguir construyendo características innecesarias.
- Gastar tiempo y recursos en algo que quizás el mercado no necesita.
- Aferrarte a una solución que no está funcionando, cuando lo que necesitas es **pivotar**.

Enfócate en el problema, no en la tecnología

Uno de los mayores cambios que hice en mi mentalidad como emprendedor fue **desplazar el foco** de la tecnología hacia el problema. Al principio, estaba completamente inmerso en cómo hacer que Pago Fácil fuera **lo más avanzado posible**. Pero lo que realmente cambió mi negocio fue darme cuenta de que **la tecnología era solo un medio, no el fin**. Lo que realmente importaba era **cómo esa tecnología resolvía el problema** de las pymes para aceptar pagos fácilmente.

El éxito de cualquier emprendimiento, especialmente uno

tecnológico, no se mide por lo impresionante que sea tu solución en términos de **complejidad técnica** o **innovación por innovación**, sino por **cuán bien resuelve un problema que tus clientes realmente tienen**.

La clave está en el Product-Market Fit

Es fácil perderse en las características de tu producto o en su perfeccionamiento, pero lo más importante es encontrar el **Product-Market Fit**. Esto significa que tu solución debe estar **perfectamente alineada** con el problema que estás resolviendo y con las expectativas del mercado. Si te enfocas en el problema y en cómo puedes resolverlo de la manera más eficiente y sencilla posible, estarás en una mejor posición para **ajustar tu producto** según las necesidades reales del cliente.

En mi experiencia, muchas startups fracasan porque se enamoran de su idea inicial y no están dispuestas a pivotar cuando el mercado les dice que la solución no es la correcta. **El mercado siempre te dará señales**, y si estás demasiado comprometido con tu solución, podrías ignorarlas.

¿Cómo centrarte en el problema?

Para asegurarte de que te estás enfocando en el problema y no solo en la solución, debes hacerte las siguientes preguntas de manera constante:

1 ¿Cuál es el problema específico que estoy resolviendo?

2 ¿Es este problema lo suficientemente importante para mis clientes como para pagar por una solución?

3 ¿Mis clientes experimentan este problema de la manera que yo lo he entendido?

4 ¿Mi solución actual está resolviendo ese problema de la manera más simple y efectiva?

Si no puedes responder a estas preguntas con claridad, es posible que te hayas desviado y estés más concentrado en el producto que en el problema. **Debes estar dispuesto a escuchar el feedback** del mercado, hacer los ajustes necesarios y, si es preciso, cambiar completamente tu solución para adecuarla mejor al problema real.

Aprende a pivotar: No te aferres a una solución incorrecta

Una de las lecciones más difíciles pero valiosas que aprendí es que **no debes temer al pivotar**. Si bien es difícil abandonar una solución en la que has invertido tiempo, esfuerzo y quizás dinero, debes recordar que **el objetivo final es resolver el problema del cliente** y no aferrarte a tu producto actual solo porque estás emocionalmente comprometido con él.

El mejor ejemplo de esto lo viví cuando tuvimos que **ajustar la oferta** de Pago Fácil para que fuera más accesible y sencilla de usar. La plataforma no necesitaba ser perfecta técnicamente; lo que necesitaba era hacer **la vida de nuestros clientes más fácil**. Ese ajuste fue clave para que el negocio pudiera crecer.

Resolver un problema siempre es más valioso que crear una solución perfecta

Al final del día, **resolver un problema** que tiene valor real para el cliente es mucho más importante que crear una solución que sea **tecnológicamente perfecta o innovadora**. No te enamores de lo que has creado hasta el punto de perder flexibilidad para adaptarlo. Las empresas que sobreviven y prosperan son aquellas que están dispuestas a **evolucionar, escuchar y adaptarse**.

Mi consejo es: **enamórate del problema** y nunca de la solución. Porque cuando estás comprometido con resolver el problema del cliente, estarás dispuesto a hacer lo que sea necesario para ajustar tu producto, mejorar tu oferta y asegurar que estás agregando valor real.

¿CÓMO CONSTRUIR UN MVP EFECTIVO?

El **Producto Mínimo Viable (MVP)** es una de las herramientas más poderosas en el arsenal de un emprendedor, pero también es uno de los conceptos más malinterpretados. Muchas veces, la gente cree que un MVP debe ser una versión refinada de su producto, pero en realidad, un MVP debe ser **lo más simple posible**. Su objetivo no es impresionar con la tecnología o la interfaz, sino **validar** que existe un mercado interesado en tu solución y que tu producto puede resolver un problema real, aunque sea de manera básica.

En mis primeros años como emprendedor, especialmente con **Pago Fácil**, aprendí de primera mano la importancia de **mantener las cosas simples** y enfocarme en lo esencial. De hecho, la **primera versión de Pago Fácil** no tenía nombre, ni dashboard, ni interfaz de usuario, pero cumplía con su propósito: **permitir que los e-commerce recibieran pagos lo antes posible**. Los usuarios eran agregados manualmente a la base de datos, algo que, aunque suena poco eficiente, me permitió **validar rápidamente** que las pymes estaban dispuestas a usar la plataforma para resolver su problema de pagos online.

1. Define el problema y la necesidad que estás resolviendo

El primer paso para construir un MVP efectivo es **definir claramente el problema** que estás tratando de resolver y cómo tu producto aborda esa necesidad. No puedes construir un MVP si no tienes claro qué dolor específico estás tratando de aliviar para tu cliente. Un MVP no es una solución completa, sino una manera de probar si el **problema que has identificado es real** y si las personas están dispuestas a pagar por una solución, incluso en su forma más simple.

Ejemplo: Con Pago Fácil, la necesidad era clara: las pymes en Chile tenían dificultades para aceptar pagos en línea de manera sencilla. Mi MVP fue una **solución básica**, sin interfaz sofisticada ni automatización completa, pero que permitía que los e-commerce empezaran a recibir pagos de inmediato. **Agregaba manualmente a los usuarios en la base de datos**, lo que no era escalable, pero sí suficiente para probar la hipótesis de que las pymes querían y necesitaban una solución simple para pagos online.

2. Simplifica al máximo: Menos es más

Uno de los mayores desafíos al construir un MVP es **resistir la tentación de agregar demasiadas características**. Como fundador, es fácil querer que tu producto sea perfecto o que tenga todas las funcionalidades desde el principio, pero el propósito del MVP es **testear solo lo esencial**. Lo **mínimo viable** significa que tu producto debe ser **suficientemente funcional** para resolver el problema del cliente, pero sin añadir funcionalidades innecesarias.

Pregúntate:

- ¿Qué es **lo mínimo** que mi producto debe hacer para resolver el problema?
- ¿Cuáles son las **características críticas** que debo incluir desde el principio?
- ¿Qué funcionalidades puedo dejar para más adelante, una vez que haya validado el interés del mercado?

Ejemplo: En la primera versión de Pago Fácil, simplifiqué todo lo posible: los pagos funcionaban, pero no había dashboard ni interfaz de usuario. Todo el manejo de usuarios lo hacía yo directamente desde la base de datos. A pesar de la simplicidad, el MVP cumplía con el objetivo principal: las pymes podían **recibir pagos** en línea sin complicaciones.

3. Validación rápida con clientes reales

El principal objetivo del MVP es **validar tu idea rápidamente en el mercado**. Lanza el MVP lo más pronto posible para obtener **feedback directo** de los usuarios. Mientras más rápido lo lances, más rápido podrás descubrir si estás en el camino correcto o si necesitas ajustar tu producto o pivotar.

Busca **clientes potenciales** que realmente sientan el problema que estás intentando resolver y pregúntales:
- ¿Está resolviendo su problema?
- ¿Lo usarían en su día a día?
- ¿Pagarían por esta solución?

Ejemplo: Cuando lancé el MVP de Pago Fácil, recibí feedback inmediato de las primeras pymes que usaron la plataforma. Al validar rápidamente, me di cuenta de que **lo importante no era la interfaz o las características avanzadas**, sino que las empresas pudieran empezar a operar rápidamente y sin complicaciones. Este feedback me ayudó a mejorar el producto de manera más ágil.

4. Iteración constante

El MVP no es un producto terminado. Es el primer paso en un ciclo continuo de **aprendizaje, iteración y mejora**. Una vez que has validado la idea y recibido feedback, debes estar dispuesto a **ajustar y mejorar** tu producto. La idea no es construir algo perfecto desde el inicio, sino **crear algo que puedas mejorar** con el tiempo, basado en las necesidades reales de los clientes.

Ejemplo: Tras validar el MVP, empezamos a iterar en Pago Fácil, ajustando la experiencia de usuario y automatizando procesos que al principio eran manuales. Si hubiéramos esperado a tener todo perfecto, habríamos perdido tiempo valioso sin validar si el mercado realmente necesitaba la solución.

5. Mantén el costo bajo y el riesgo controlado

Una de las mayores ventajas de construir un MVP es que te permite **reducir el riesgo**. No necesitas gastar meses o incluso años desarrollando un producto que tal vez el mercado no quiera. En lugar de invertir grandes cantidades de recursos, el MVP te permite probar la viabilidad de tu idea con una **inversión mínima**. Se trata de crear una versión funcional que te permita aprender lo más rápido posible sin comprometer demasiado capital o tiempo.

Conclusión: Un MVP efectivo es sobre validación, no sobre perfección

Construir un MVP efectivo significa **enfocarse en validar** si tu idea realmente resuelve un problema. No necesitas una solución perfecta desde el día uno; lo que necesitas es una versión simple que te permita **aprender rápidamente** y hacer ajustes basados en feedback real. Mi experiencia con **Pago Fácil** demostró que un MVP exitoso no depende de tener la tecnología más avanzada, sino de **probar rápidamente** que estás resolviendo el problema correcto para el cliente correcto.

TÉCNICAS PARA VALIDAR TU PRODUCTO EN EL MERCADO REAL SIN GASTAR DEMASIADO TIEMPO NI DINERO

Uno de los errores más costosos que un emprendedor puede cometer es **invertir demasiado tiempo y dinero** en desarrollar un producto antes de validar si realmente hay demanda en el mercado. En lugar de esperar hasta tener un producto perfecto, es crucial **validar rápidamente** si tu idea tiene sentido, si resuelve un problema real y si las personas estarían dispuestas a pagar por ella.

En mi experiencia como fundador de **Pago Fácil**, entendí muy temprano que la **validación rápida y económica** era clave para avanzar sin correr riesgos innecesarios. Si te obsesionas con construir el producto perfecto antes de probarlo en el mercado, puedes perder recursos valiosos. Lo importante es poner tu idea frente a tus **clientes potenciales lo antes**

posible, obtener **feedback** y ajustar en base a lo que descubras.

Aquí te dejo algunas técnicas que he aplicado y que puedes usar para validar tu producto de manera efectiva, sin gastar demasiado tiempo ni dinero.

1. Landing pages sencillas con una propuesta clara

Una técnica clásica y efectiva para validar una idea es crear una **landing page** simple que explique claramente el problema que estás resolviendo y cómo tu producto lo aborda. No necesitas tener el producto terminado; lo que importa es medir **si hay interés real**. Puedes agregar un formulario donde las personas se registren para recibir más información, acceder a una demo o ser notificados cuando el producto esté listo. Si la gente muestra interés y se suscribe, sabes que vas en la dirección correcta.

Ejemplo: En los inicios de **Pago Fácil**, lanzamos una **página simple** donde describíamos la solución de pagos para pymes y ofrecíamos un formulario para que los interesados se registraran. No necesitábamos un producto terminado; solo queríamos validar si las pymes estaban interesadas en una solución para recibir pagos en línea de manera más fácil.

Tips:

• Usa herramientas como **Unbounce**, **WordPress** o **Carrd** para crear una landing page en cuestión de horas.

• Define claramente el **problema** y cómo tu producto lo resuelve.

• Mide las conversiones: Si muchas personas se registran o muestran interés, es una señal de que el mercado tiene demanda.

2. Anuncios de prueba en redes sociales

Otra técnica rápida y económica para validar tu producto es utilizar **anuncios de prueba** en redes sociales. Plataformas como **Facebook Ads** o **Google Ads** permiten que, con una pequeña inversión, puedas poner tu propuesta frente a miles de personas y medir el interés. Lo ideal es que estos anuncios dirijan a una **landing page** donde los usuarios puedan registrarse o tomar alguna acción, lo que te dará datos concretos sobre la demanda de tu idea.

Ejemplo: En Pago Fácil, experimentamos con **anuncios en redes sociales** para ver cómo respondían las pymes a nuestra propuesta de valor. Fue una forma rápida de obtener tráfico hacia la página de registro y medir el interés sin invertir grandes cantidades de dinero.

Tips:
- Define tu audiencia con precisión para llegar a las personas que más probablemente tengan el problema que estás resolviendo.
- Utiliza un presupuesto pequeño (puedes empezar con $50 o menos) para realizar una prueba rápida.
- Asegúrate de tener un **call to action** claro (registro, descarga, demo) para medir el interés real.

3. Entrevistas y encuestas con clientes potenciales

Nada reemplaza el contacto directo con tus clientes. Realizar **entrevistas y encuestas** es una de las formas más valiosas de validar tu producto, y lo mejor es que no necesitas gastar casi nada. A través de entrevistas, puedes profundizar en el problema que estás resolviendo, entender si tu propuesta de valor resuena con el mercado y descubrir qué mejoras podrías hacer antes de lanzar una versión más completa.

Ejemplo: Cuando empecé a validar la idea de Pago Fácil, hablé con muchas pymes que tenían problemas para recibir pagos en línea. Estas entrevistas me ayudaron a entender **exactamente qué les frustraba** y me permitieron ajustar mi propuesta antes de lanzar el MVP.

Tips:
- Realiza entrevistas con **clientes potenciales**, no solo amigos o familiares.

- Pregunta sobre sus **problemas reales** y si estarían dispuestos a pagar por una solución.
- Usa herramientas como **Google Forms** o **Typeform** para hacer encuestas y recopilar datos.

4. Prototipos o demostraciones rápidas

Si tienes un producto que puede ser visualizado, crear un **prototipo rápido** o una demostración visual puede ser extremadamente útil para validar la idea antes de invertir en su desarrollo completo. Existen herramientas como **Figma**, **Sketch** o **Adobe XD** que te permiten crear maquetas interactivas sin necesidad de programar. De esta manera, puedes mostrar una versión básica del producto a tus clientes potenciales y obtener su feedback antes de comprometer más recursos.

Ejemplo: En lugar de construir una solución completa desde cero, podrías crear un **prototipo básico** de cómo se vería tu aplicación o software, y pedir feedback directamente a las personas que usarían el producto. Esto te permite validar rápidamente si la idea es atractiva para tu mercado.

Tips:
- Muestra el prototipo a clientes potenciales y observa cómo interactúan con él.
- Haz preguntas abiertas como: **¿Te parece útil esta solución?** o **¿Hay algo que cambiarías o agregarías?**
- No inviertas en desarrollo real hasta que tengas suficiente feedback positivo.

5. Lanza un piloto o una versión manual

Una técnica poderosa para validar sin grandes inversiones es lanzar un **piloto manual** o una versión simplificada de tu producto. En lugar de construir toda la tecnología, ofrece tu solución manualmente para probar si hay interés. Esto es exactamente lo que hicimos en los inicios de **Pago Fácil**: no había un dashboard, ni una interfaz automatizada; agregábamos manualmente a los usuarios en la base de datos, pero lo importante era que las pymes pudieran **recibir pagos** lo antes posible.

Ejemplo: Si tienes una idea para un servicio que podría automatizarse, empieza haciéndolo manualmente. Por ejemplo, si planeas lanzar una herramienta para gestionar redes sociales, podrías ofrecer a las empresas hacerlo manualmente por ellas durante las primeras semanas. Esto te permitirá validar si el servicio es necesario antes de invertir en el desarrollo de la plataforma completa.

Tips:
• Define un proceso manual que te permita entregar valor sin construir la tecnología de inmediato.
• Usa esta fase para recopilar **feedback** y hacer ajustes rápidos.
• Mide si los clientes estarían dispuestos a seguir usando el servicio incluso si fuera manual al principio.

Conclusión: Validar rápido y con pocos recursos es clave

El proceso de validación no tiene por qué ser largo ni costoso. Usar técnicas como **landing pages**, **anuncios de prueba**, **entrevistas** y **versiones manuales** te permitirá validar tu producto en el mercado real sin gastar demasiado tiempo ni dinero. La clave está en **actuar rápidamente**, medir el interés y ajustar tu idea con base en el feedback que recibas, antes de comprometerte a desarrollar un producto completo.

EJEMPLOS DE MVP EXITOSOS

Un **Producto Mínimo Viable (MVP)** no tiene que ser una versión perfecta o completamente funcional de un producto. De hecho, algunos de los productos más exitosos que conocemos hoy en día comenzaron con **versiones extremadamente básicas** cuyo único objetivo era **validar una idea** en el mercado real. La clave de un MVP exitoso es ser lo suficientemente simple como para probar la hipótesis de negocio, pero también lo suficientemente funcional como para resolver el problema de los primeros usuarios.

Es importante recordar que el valor de un MVP no está en su perfección técnica, sino en su capacidad para **validar rápidamente** que el mercado necesita lo que ofreces. Aquí algunos ejemplos de MVP exitosos que hicieron justamente eso.

1. Amazon: Vendiendo libros de manera simple

Cuando Jeff Bezos fundó **Amazon**, su visión era crear la mayor tienda online del mundo. Sin embargo, su MVP fue mucho más modesto. En lugar de vender miles de productos desde el inicio, Bezos decidió **comenzar vendiendo solo libros**. Montó un sitio web básico donde los usuarios podían comprar libros en línea, y todo el proceso detrás de escena era bastante manual.

Este MVP fue exitoso porque permitió a Bezos **validar la demanda** de ventas online, aprender sobre el comportamiento del consumidor en internet y ajustar el modelo antes de expandir su oferta a otros productos. Al centrarse solo en libros, Bezos pudo poner a prueba la idea sin tener que gestionar una amplia gama de inventario o procesos logísticos complejos desde el principio.

2. Dropbox: Un video explicativo que validó la idea

Antes de desarrollar su producto completo, los fundadores de **Dropbox** lanzaron un MVP que era simplemente un **video explicativo** de su idea. En el video, mostraban cómo funcionaría el servicio de almacenamiento y sincronización de archivos en la nube. No había un producto funcional detrás del video, pero el objetivo era ver si los usuarios estaban interesados en esa solución.

El éxito del video fue enorme, con miles de personas registrándose para probar el producto. Esto validó la demanda del mercado sin necesidad de desarrollar una plataforma costosa, permitiendo a los fundadores continuar con el desarrollo del servicio sabiendo que había interés real.

3. Airbnb: Fotos y un colchón inflable

Otro ejemplo icónico de un MVP exitoso es el de **Airbnb**. Los fundadores querían validar si las personas estarían dispuestas a pagar por alojarse en las casas de extraños, en lugar de hoteles. Para probar la idea, tomaron fotos de su apartamento, inflaron un colchón en la sala y lo ofrecieron como alojamiento en un sitio web muy simple. Este MVP no incluía ninguna tecnología avanzada ni funcionalidades complejas, pero fue suficiente para validar que había gente interesada en pagar por ese tipo de alojamiento alternativo.

Este enfoque básico y directo les permitió probar la hipótesis sin construir una plataforma elaborada. El éxito inicial los motivó a seguir desarrollando Airbnb como lo conocemos hoy.

4. Zappos: Validando la venta de zapatos online

El fundador de **Zappos**, Tony Hsieh, quería validar si las personas estarían dispuestas a comprar zapatos en línea, algo que en su momento era difícil de imaginar. En lugar de construir una tienda en línea completa, Hsieh tomó fotos de los zapatos de una tienda local y las publicó en un sitio web muy sencillo. Cuando los clientes realizaban un pedido, Hsieh simplemente iba a la tienda, compraba los zapatos y los enviaba.

Este MVP permitió probar el interés de los clientes sin la necesidad de desarrollar un inventario o logística compleja desde el inicio. Con las primeras ventas validadas, Zappos pudo luego expandir su oferta y mejorar la plataforma.

5. Buffer: Una landing page para una app que aún no existía

Buffer, la popular aplicación de programación de publicaciones en redes sociales, comenzó con un MVP extremadamente simple: una **landing page** que explicaba lo que el producto haría. En esa página, los usuarios podían registrarse para recibir más información o probar la herramienta.

Cuando la gente comenzó a registrarse, el fundador, Joel Gascoigne, supo que había interés en la idea, y entonces comenzó a desarrollar la primera versión del producto. Al igual que otros ejemplos, Buffer validó su idea sin invertir tiempo ni dinero en desarrollar un producto que aún no sabían si sería útil para los usuarios.

6. Pago Fácil: Sin dashboard, sin interfaz, pero resolviendo el problema

Cuando lancé **Pago Fácil**, el MVP era tan simple que no tenía nombre, ni dashboard, ni una interfaz de usuario elegante. Los usuarios ni siquiera podían autogestionarse en la plataforma; los agregábamos manualmente a la base de datos. Sin embargo, la solución cumplía su propósito: permitir que los e-commerce comenzaran a **recibir pagos en línea** lo más rápido posible.

Este MVP fue exitoso porque **resolvía un problema urgente** para las pymes chilenas: la dificultad de procesar pagos en línea. Aunque la plataforma no era perfecta, me permitió **validar rápidamente** que había demanda, y eso me dio el impulso para continuar desarrollando la plataforma con funcionalidades más avanzadas una vez que el mercado ya estaba probado.

Lecciones de estos MVP exitosos

1 No necesitas un producto completo para validar una idea. Todos estos MVP comparten un enfoque común: la simplicidad. Ninguno de ellos comenzó con una plataforma robusta o con todas las funcionalidades completas. La clave fue lanzar rápidamente algo básico que les permitiera **probar si había interés** en la solución.

2 El objetivo del MVP es aprender, no impresionar. Un MVP exitoso no se mide por la complejidad de su tecnología o el diseño de su interfaz, sino por **qué tan bien puede validar una hipótesis de negocio.** Si puedes obtener feedback real con una versión básica, estarás en una excelente posición para mejorar y escalar el producto de manera eficiente.

3 Iteración rápida basada en feedback real. Todos estos MVP permitieron a sus fundadores obtener feedback de los usuarios rápidamente, lo que les permitió **ajustar y mejorar** sus productos antes de invertir más recursos en desarrollos innecesarios. La capacidad de adaptarse a las necesidades reales del mercado es una de las claves del éxito de cualquier MVP.

4 No necesitas grandes inversiones. La validación del mercado no requiere grandes sumas de dinero. De hecho, la mayoría de los MVP exitosos fueron lanzados con recursos mínimos. Lo importante es **lanzar lo antes posible** y aprender del proceso.

Conclusión: Un MVP exitoso es simple pero poderoso

Un MVP exitoso se trata de **resolver el problema del cliente** con la versión más básica posible del producto, probando así si hay interés y demanda en el mercado. Los ejemplos de **Amazon, Dropbox, Airbnb, Zappos, Buffer** y **Pago Fácil** demuestran que **la simplicidad es clave** y que no necesitas desarrollar un producto perfecto para tener éxito. Al enfocarte en la validación rápida y efectiva, puedes ajustar tu producto según las necesidades reales de tus clientes y construir un negocio más sólido y enfocado.

CAPÍTULO 4

Encontrando el Fit entre el Producto y el Mercado

QUÉ ES EL PRODUCT-MARKET FIT Y CÓMO LOGRARLO

El **Product-Market Fit (PMF)** es uno de los conceptos más importantes en el mundo del emprendimiento tecnológico, pero también uno de los más malinterpretados. Lograr el Product-Market Fit significa que tu producto no solo resuelve un problema real, sino que lo hace de una forma que los usuarios **necesitan, aman y están dispuestos a pagar por ello**. En pocas palabras, el Product-Market Fit es el punto en el que el mercado valida que tu solución es adecuada y valiosa para el problema que estás resolviendo.

En mi experiencia con **Pago Fácil**, entendí que el Product-Market Fit no llega simplemente cuando tienes un producto funcional. Durante las primeras etapas, lanzamos nuestra solución pensando que sería adoptada rápidamente por **emprendedores que recién estaban comenzando**, pero descubrimos que **no estaban dispuestos a pagar** por el servicio. Fue un error de segmentación de mercado. Lo que no sabíamos en ese momento es que el verdadero Product-Market Fit vendría de las **pymes**, que comenzaron a utilizar la plataforma, recomendarla y, lo más importante, estaban dispuestas a pagar por ella.

¿Qué es el Product-Market Fit?

El Product-Market Fit ocurre cuando has encontrado el equilibrio entre lo que el mercado necesita y lo que tu producto ofrece. Se logra cuando:

- **Los usuarios ven valor real en lo que estás ofreciendo** y lo prefieren sobre otras soluciones.
- **Los clientes no solo usan tu producto, sino que lo recomiendan**, están dispuestos a pagar por él y lo incorporan en su día a día.
- Comienzas a experimentar **crecimiento orgánico**, ya sea a través de recomendaciones, retención de usuarios o interés continuo del mercado.

Marc Andreessen, un importante inversor en Silicon Valley, definió el Product-Market Fit como el momento en el que te das cuenta de que **el mercado está arrastrando tu producto** hacia adelante. Las personas están dispuestas a pagar por él y la demanda se incrementa sin tanto esfuerzo de marketing. Es cuando sientes que has dejado de empujar tu idea y es el mercado el que te impulsa a ti.

Cómo saber si has alcanzado el Product-Market Fit

Existen varias señales que te indican si estás alcanzando o ya has logrado el Product-Market Fit:

1 Alta retención de usuarios: Tus usuarios no solo prueban el producto, sino que lo siguen usando y regresan de manera recurrente.

2 Creación de boca a boca: La gente recomienda tu producto sin que lo solicites. Si tus usuarios están hablando de tu solución, es una señal clara de que estás resolviendo un problema importante.

3 Los usuarios pagarían si aún no lo hacen: Si tienes un modelo freemium o gratuito, tus usuarios demuestran interés en pagar por funciones adicionales, o te solicitan que crees una versión premium del producto.

4 Demanda constante y crecimiento orgánico: Notas que la demanda por tu producto empieza a crecer sin tener que forzar las ventas, ya sea por recomendaciones o simplemente porque los usuarios lo encuentran útil.

Ejemplo en Pago Fácil: Cuando lanzamos Pago Fácil, cometimos un error común: inicialmente nos enfocamos en **emprendedores que recién estaban comenzando**, pensando que serían nuestros primeros clientes. Sin embargo, muchos de ellos no estaban dispuestos a pagar por la solución. Fue solo cuando **cambiamos nuestro enfoque hacia las pymes** — empresas con operaciones ya establecidas— que descubrimos el verdadero Product-Market Fit. Las pymes no solo comenzaron a usar la plataforma, sino que **la recomendaban** a otras empresas, creando un crecimiento orgánico y una validación de que estábamos resolviendo un problema real.

Cómo lograr el Product-Market Fit

Lograr el Product-Market Fit no es algo que ocurra de la noche a la mañana. Es un **proceso iterativo** que implica mucha prueba y error, y sobre todo, un enfoque obsesivo en las necesidades del cliente. Aquí algunos pasos clave para lograrlo:

1. Conoce profundamente a tus usuarios

El primer paso para lograr el Product-Market Fit es entender **quiénes son tus clientes**, qué problemas enfrentan y cómo tu producto puede resolver esos problemas de una manera que les genere valor real. **Habla con tus usuarios**, realiza entrevistas, encuestas y obtén feedback constantemente. Es crucial que te pongas en sus zapatos y descubras lo que realmente valoran.

Ejemplo en Pago Fácil: Después de pivotar de los emprendedores hacia las pymes, hicimos muchas entrevistas para entender sus **dolores específicos** en torno a los pagos online. **Cuanto más entendíamos sus problemas**, mejor podíamos ajustar nuestra solución para adaptarla a sus necesidades. Ahí fue cuando empezamos a notar una adopción constante y orgánica.

2. Iteración constante basada en feedback

Una vez que entiendes a tu usuario, el siguiente paso es **iterar** rápidamente en tu producto para ajustarlo a esas necesidades. No te enamores de tu solución original; en su lugar, escucha a tus clientes y ajusta lo que sea necesario. Tal vez lo que pensabas que era el aspecto más importante de tu producto no lo es tanto para ellos, y tal vez haya funcionalidades que los usuarios realmente necesitan, pero que tú no consideraste inicialmente.

El **feedback del mercado** es oro, y cada ajuste basado en ese feedback te acercará al Product-Market Fit.

3. Prueba con un MVP

Un **Producto Mínimo Viable (MVP)** es clave para alcanzar el Product-Market Fit. Lanzar un MVP te permitirá validar si realmente estás resolviendo el problema correcto antes de invertir grandes recursos. Un MVP te ayuda a obtener **feedback temprano** y te permite iterar rápidamente para ajustar tu producto según las respuestas del mercado.

Ejemplo: Al lanzar la versión inicial de Pago Fácil, nuestro MVP era simple, sin características sofisticadas ni un diseño perfecto. Sin embargo, nos permitió validar la necesidad del mercado y hacer ajustes con base en la retroalimentación que recibíamos de las primeras pymes que usaban el sistema.

4. Evalúa la demanda del mercado

Otra clave para alcanzar el Product-Market Fit es asegurarte de que **realmente existe demanda** para tu producto. A veces, aunque tengas una solución interesante, si el mercado no percibe una necesidad urgente por ella, no lograrás el Product-Market Fit. Evalúa continuamente si las personas están dispuestas a pagar por tu producto y si tu solución está alineada con la realidad del mercado.

Si notas que el mercado no está respondiendo como esperabas, **no temas pivotar** o hacer ajustes en tu modelo de negocio.

5. Enfócate en resolver un problema claro

Muchos emprendedores, especialmente aquellos con experiencia técnica, tienden a **enamorarse de la tecnología** detrás de su producto en lugar de enfocarse en el problema que están resolviendo. **No se trata de cuán avanzada o innovadora sea tu tecnología**, sino de **qué tan bien resuelve el problema del cliente**. Cuando te centras en resolver un problema real de manera efectiva, te acercas cada vez más al Product-Market Fit.

Conclusión: El Product-Market Fit es el punto de validación más importante

Lograr el Product-Market Fit es el **hito clave** en la vida de una startup. Es el momento en el que tu producto empieza a generar demanda orgánica, los usuarios lo usan porque lo encuentran valioso y tú ya no tienes que luchar para convencer al mercado de que tu solución es relevante. Es el punto en el que **el mercado valida** que estás resolviendo el problema correcto de la manera correcta.

En **Pago Fácil**, logramos el Product-Market Fit cuando las pymes no solo comenzaron a usar nuestra solución de manera recurrente, sino que se convirtieron en defensoras de la plataforma, recomendándola a otros sin que nosotros se lo pidiéramos. Este cambio de foco de emprendedores hacia pymes fue lo que nos permitió finalmente encontrar el **ajuste entre producto y mercado**.

∽

SIGNOS DE QUE HAS ENCONTRADO EL MERCADO CORRECTO

Uno de los mayores desafíos para cualquier emprendedor es encontrar **el mercado adecuado** para su producto. A menudo, los fundadores asumen que conocen a su audiencia desde el principio, pero el verdadero ajuste entre producto y mercado rara vez ocurre en la primera iteración. Necesitas **estar atento a ciertas señales** que indican si realmente estás ofreciendo tu producto a las personas correctas, aquellas que encuentran valor en lo que haces y que están dispuestas a adoptarlo y recomendarlo.

La historia de muchas empresas exitosas, incluyendo **Dropbox**, **Airbnb**, **Amazon**, **Zappos** y **Pago Fácil**, está marcada por iteraciones y ajustes para finalmente encontrar el mercado correcto. Estas señales fueron clave para confirmar que su producto estaba alineado con las necesidades reales de los clientes.

1. Los clientes pagan y están dispuestos a seguir pagando

Uno de los signos más evidentes de que has encontrado el mercado adecuado es que **tus clientes están dispuestos a pagar** por tu producto o servicio, y no solo eso, **continúan pagando**. Cuando ves que los usuarios repiten la compra o siguen pagando por tu servicio, es una señal clara de que estás en el mercado correcto.

Ejemplo en Zappos: Al lanzar su MVP, Zappos solo mostraba fotos de zapatos disponibles en una tienda física. Cuando los clientes comenzaron a comprar online y repetir sus compras, fue una clara señal de que había un mercado dispuesto a pagar por la **comodidad** de comprar zapatos por internet, algo que en ese momento era novedoso.

2. Tu producto resuelve un problema crítico

Cuando estás en el mercado adecuado, tu producto **no es**

un *"nice-to-have"*, sino un **"must-have"**. Los clientes en este mercado ven tu solución como algo esencial. Si tus usuarios dependen de tu producto para resolver un problema importante, sabes que estás en el mercado correcto.

Ejemplo en Dropbox: Antes de crear un producto completo, Dropbox validó su idea con un video explicativo. Los usuarios no solo estaban interesados en la tecnología, sino que veían la **sincronización de archivos** como una solución crítica para sus problemas de almacenamiento y acceso desde múltiples dispositivos. Una vez que el producto se lanzó, la adopción fue rápida porque solucionaba un problema esencial.

3. Recibes feedback constante y útil

Cuando has encontrado el mercado correcto, los usuarios no solo usan tu producto, sino que también **te brindan feedback constante**. Quieren que tu producto sea mejor, no porque esté fallando, sino porque les importa lo suficiente como para involucrarse en su mejora.

Ejemplo en Airbnb: Cuando Airbnb empezó, el equipo recibió mucho feedback directo de los primeros usuarios sobre qué era necesario para mejorar la experiencia de los huéspedes. Los primeros anfitriones sugirieron mejoras en la seguridad, la presentación de los listados y el sistema de reservas. Este tipo de retroalimentación proactiva les indicó que estaban resolviendo un problema relevante y estaban en el mercado correcto.

4. Tienes una tasa de recomendación alta (crecimiento orgánico)

Un mercado adecuado se distingue por el **crecimiento orgánico** que genera. Cuando los usuarios empiezan a recomendar tu producto sin que lo solicites, sabes que estás creando valor real. **El boca a boca** es una señal clave de que estás ofreciendo algo que la gente encuentra lo suficientemente útil como para compartirlo.

Ejemplo en Amazon: En los primeros días de Amazon, los usuarios que compraban libros online comenzaron a recomendar el servicio a otros, destacando la **comodidad** y la **amplia selección**. Esto permitió que Amazon experimentara un crecimiento orgánico rápido, incluso sin grandes campañas de marketing iniciales.

5. Tu tasa de retención es alta

Otra señal poderosa de que has encontrado el mercado correcto es una **alta tasa de retención**. Si los usuarios no solo prueban tu producto, sino que lo integran en su vida diaria o negocio y **regresan constantemente**, es un claro indicativo de que has logrado un ajuste entre tu producto y las necesidades del mercado.

Ejemplo en Dropbox: Desde sus primeras versiones, Dropbox mostró una alta retención de usuarios. Las personas que lo probaban seguían utilizando la plataforma para **guardar, acceder y compartir** archivos. Esta retención reflejaba lo bien que el producto resolvía el problema de la sincronización de archivos de una manera sencilla.

6. Los usuarios son pacientes con tus errores

Cuando has encontrado el mercado adecuado, los usuarios son **tolerantes con los errores iniciales** porque valoran el problema que tu producto está resolviendo. Aunque puedan encontrarse con fallos o características que faltan, siguen usando el producto porque reconocen el valor que aporta a sus vidas.

Ejemplo en Airbnb: Durante sus primeros días, Airbnb enfrentó muchos problemas de usabilidad y seguridad. Sin embargo, los usuarios seguían utilizando el servicio porque valoraban la **opción económica** y el acceso a experiencias locales. Esta paciencia por parte de los primeros usuarios fue una señal de que Airbnb estaba en el mercado correcto.

7. Tienes competencia real en el mismo espacio

Cuando comienzas a ver competidores que entran en el

mismo mercado, es una señal clara de que **hay demanda** y que estás en el mercado correcto. La competencia valida que existe un problema importante que vale la pena resolver.

Ejemplo en Pago Fácil: Cuando vimos que otras plataformas empezaron a ofrecer soluciones similares para pagos online, supimos que estábamos en un espacio con **demanda real**. La aparición de competidores confirmó que el mercado de las pymes en Chile necesitaba una solución para pagos digitales, lo que reafirmó que estábamos en el mercado adecuado.

Conclusión: Las señales de que has encontrado el mercado correcto

Identificar el mercado adecuado para tu producto es un proceso iterativo que requiere ajustes y validación continua. Las **señales clave** incluyen clientes dispuestos a pagar, una alta tasa de retención, recomendaciones orgánicas y un feedback constante de usuarios que buscan mejoras. Las experiencias de empresas como **Dropbox**, **Airbnb**, **Amazon**, **Zappos** y **Pago Fácil** demuestran que encontrar el mercado correcto es esencial para el éxito a largo plazo.

Cuando ves estas señales, puedes estar seguro de que has encontrado un mercado donde tu producto genera **valor real** y tiene potencial para crecer y escalar de manera sostenible.

~

AJUSTES Y PIVOTES: QUÉ HACER SI NO LLEGAS AL PRODUCT-MARKET FIT

No encontrar el **Product-Market Fit** (PMF) no es sinónimo de fracaso, sino una oportunidad para **aprender, ajustar y evolucionar** tu producto. Muchos emprendedores inician con una visión romántica de a quién quieren ayudar, a menudo eligiendo un segmento de mercado que creen que es el adecuado porque comparten su misión o desean hacer una diferencia significativa en sus vidas. Sin embargo, **no siempre estos usuarios están dispuestos a pagar** por la solución, incluso si el producto les resuelve un problema importante.

Este fue un desafío que enfrentamos en **Pago Fácil**. Comenzamos enfocándonos en **emprendedores que estaban iniciando** y, aunque sabíamos que nuestra solución podía ayudarles, la mayoría de ellos no estaba dispuesto a pagar por el servicio. Fue un error común: asumir que porque estás resolviendo un problema importante para un grupo de personas, automáticamente estarán dispuestos a invertir en tu solución. **No fue hasta que las pymes, por suerte, comenzaron a darnos feedback positivo** que entendimos que estábamos ante un mercado que sí valoraba el producto, y que incluso nos explicaban **qué otros problemas les ayudaba a solucionar**. Nos dimos cuenta de que habíamos estado enfocándonos en el segmento equivocado.

A continuación, exploramos qué puedes hacer si sientes que no has alcanzado el Product-Market Fit y necesitas hacer ajustes o incluso pivotar.

1. Evalúa si el problema que resuelves es lo suficientemente importante

Un producto solo tendrá éxito si resuelve un **problema crítico** para los usuarios. Si no has alcanzado el Product-Market Fit, puede que el problema que estás intentando resolver **no sea lo suficientemente urgente** o importante para tus clientes. A veces, los emprendedores se centran en resolver problemas que, aunque son reales, no son prioritarios para el mercado.

Ejemplo en Dropbox: Si Dropbox hubiera descubierto que la sincronización de archivos no era vista como un problema importante por los usuarios, habrían tenido que pivotar. Sin embargo, validaron rápidamente que era un dolor crítico que las personas querían resolver de manera eficiente.

2. Escucha el feedback de los usuarios que sí pagan

El feedback es clave para realizar ajustes. A veces, la respuesta no está en insistir en tu segmento ideal, sino en escuchar a los usuarios que **sí están dispuestos a pagar**. Ellos te dirán lo que valoran y cómo puedes mejorar tu producto para alinearlo aún más con sus necesidades.

En **Pago Fácil**, no fue que buscáramos intencionadamente el feedback de las pymes, sino que ellas mismas nos explicaron por qué les gustaba nuestro producto y cómo resolvía problemas adicionales que no habíamos considerado. **Tuvimos la suerte de que nos guiaron** hacia un ajuste del mercado objetivo, lo que nos permitió pivotar hacia un segmento más dispuesto a pagar.

3. Haz ajustes incrementales antes de hacer un pivote completo

Antes de optar por un pivote total, intenta hacer **ajustes incrementales** en tu producto o en tu estrategia de mercado. A veces, cambios pequeños en características, en la segmentación de tu audiencia, o en la forma en que comunicas el valor pueden tener un impacto significativo.

Ejemplo en Zappos: Al principio, Zappos se enfocó en mejorar la experiencia del cliente en lugar de cambiar todo su modelo. Hicieron ajustes en la **logística y el servicio al cliente**, lo que aumentó la satisfacción y les permitió ganar tracción sin hacer un pivote completo.

4. Replantea tu mercado objetivo

A menudo, el problema no está en el producto, sino en que te estás dirigiendo a **un segmento de mercado que no está dispuesto a pagar**. Esto es común entre los emprendedores que se centran en un segmento por razones emocionales o románticas, esperando que valoren su producto tanto como ellos. Si descubres que tu público objetivo no está dispuesto a invertir, quizás sea el momento de buscar **otro grupo que realmente vea el valor** en tu solución.

Ejemplo en Amazon: Aunque Jeff Bezos tenía una visión amplia de lo que Amazon podría llegar a ser, comenzó con un enfoque ajustado: **solo vendía libros**. Este mercado específico le permitió obtener validación antes de expandirse a otros productos.

5. Considera un pivote en el modelo de negocio

Si después de ajustar el producto y cambiar tu mercado no ves resultados, es posible que debas reconsiderar tu **modelo de negocio**. Tal vez la estructura de precios no esté alineada con el valor percibido o, al contrario, podrías necesitar pasar de un modelo gratuito a uno freemium o con más valor agregado.

Ejemplo en Buffer: Buffer comenzó ofreciendo su herramienta de programación de publicaciones de manera gratuita, pero para obtener un modelo sostenible, pivotaron hacia un **modelo freemium**, cobrando por funciones avanzadas. Esto les permitió encontrar el Product-Market Fit y crecer.

6. Sé ágil y no tengas miedo de pivotar completamente

Si los ajustes no están dando resultados y sientes que la propuesta de valor no resuelve un problema crítico, podría ser el momento de hacer un **pivote completo**. Esto no significa que tu idea original haya fracasado, sino que has aprendido lo suficiente para cambiar de dirección hacia un enfoque que tenga más éxito en el mercado.

Ejemplo en Airbnb: Los fundadores enfrentaron varios rechazos iniciales por parte de inversores y usuarios. Aun así, hicieron pivotes estratégicos hasta que encontraron la forma de hacer que las personas confiaran en su servicio, implementando mejoras como un **sistema de reseñas** y **garantías para los usuarios**. Estos ajustes ayudaron a Airbnb a encontrar su Product-Market Fit y crecer.

. . .

Conclusión: Los ajustes y pivotes son parte del camino hacia el éxito

No alcanzar el **Product-Market Fit** de inmediato es común y, en lugar de verlo como un fracaso, debes verlo como una oportunidad para **ajustar y evolucionar**. Muchos emprendedores, al igual que nosotros en **Pago Fácil**, empiezan con un enfoque romántico en un segmento que no está dispuesto a pagar, aunque el producto les resuelva problemas reales. Lo importante es **aprender de tus usuarios** y estar dispuesto a pivotar hacia donde haya un mercado que vea valor en tu solución.

Al igual que **Dropbox**, **Airbnb**, **Amazon**, **Zappos** y muchas otras startups, los ajustes y pivotes te llevarán más cerca del Product-Market Fit si te mantienes ágil y enfocado en resolver los problemas que realmente importan a quienes están dispuestos a pagar por ello.

∽

CAPÍTULO 5

Crecimiento y Escalabilidad

ESTRATEGIAS PARA CRECER DE MANERA SOSTENIBLE

El crecimiento es uno de los objetivos principales de cualquier startup, pero **crecer rápidamente no siempre significa crecer de manera sostenible**. Muchas empresas se obsesionan con escalar lo más rápido posible, quemando recursos sin pensar en la **solidez a largo plazo**. El verdadero desafío es cómo crecer de manera que sea **rentable, escalable y alineada con la visión del negocio**.

En mi experiencia con **Pago Fácil**, aprendimos que **crecer demasiado rápido** sin una base sólida habría sido un error. El enfoque siempre estuvo en escalar de manera sostenible, manteniendo la calidad del servicio y asegurando que el crecimiento fuera manejable y no pusiera en riesgo la estabilidad del negocio. **Crecimiento sostenible** significa enfocarse en **estrategias a largo plazo** que fortalezcan la estructura del negocio y no solo en aumentar los números rápidamente.

A continuación, algunas estrategias clave para crecer de

manera sostenible, basadas en mi experiencia y en lecciones de otras empresas conocidas.

1. Enfócate en tu núcleo antes de diversificar

Antes de pensar en nuevas líneas de productos o mercados, asegúrate de que tu **producto principal** esté bien establecido y que hayas alcanzado el **Product-Market Fit**. Diversificar demasiado pronto puede hacer que pierdas el enfoque y desvíes recursos esenciales. La clave para crecer de manera sostenible es primero **perfeccionar lo que haces mejor**.

Ejemplo en Apple: Antes de aventurarse en nuevos productos como el iPod o el iPhone, Apple se enfocó en establecerse como líder en **computadoras personales**. Su crecimiento en otros mercados solo fue posible después de que se consolidaron como una marca sólida en su núcleo, con productos como el **Mac**. Esto les permitió **expandirse con confianza** y mantener la calidad en cada nueva categoría.

2. Apuesta por el crecimiento orgánico y recomendaciones

El **crecimiento orgánico**, donde tus usuarios recomiendan el producto sin necesidad de una gran inversión en marketing, es una de las señales más fuertes de que tu negocio está generando valor real. Este tipo de crecimiento es mucho más sostenible que el que se impulsa únicamente con campañas pagadas o promociones agresivas.

Ejemplo en Tesla: Tesla ha logrado un **crecimiento orgánico impresionante** a través de la fidelidad de sus clientes y el boca a boca. Los usuarios satisfechos no solo regresan para comprar más vehículos, sino que también recomiendan la marca a otros, generando una comunidad apasionada. A pesar de una inversión limitada en publicidad tradicional, el poder de las **recomendaciones** ha sido clave para su crecimiento sostenible.

3. Escala tus operaciones sin comprometer la calidad

Una de las trampas más comunes al escalar es sacrificar la

calidad del producto o servicio para acelerar el crecimiento. Sin embargo, el crecimiento sostenible depende de mantener la calidad mientras escalas. Necesitas desarrollar procesos que permitan que tu producto o servicio se mantenga consistente a medida que creces.

Ejemplo en Netflix: A medida que Netflix expandió su catálogo de contenido y entró en nuevos mercados, fue cuidadoso en mantener la **calidad** de su plataforma y contenido original. Aunque escalaban rápidamente, la calidad nunca se sacrificó, lo que les permitió crecer de manera **controlada** y **sostenible**. Hoy, siguen siendo una referencia en calidad de streaming.

4. Optimiza tus costos y mantén la eficiencia

Es fácil perder el control sobre los costos cuando el enfoque está en crecer rápidamente. Para garantizar un crecimiento sostenible, es fundamental mantener la **eficiencia operativa** y optimizar los gastos. Esto asegura que tu crecimiento no comprometa la **rentabilidad** del negocio.

Ejemplo en Amazon: A lo largo de su expansión, Amazon siempre ha mantenido un enfoque implacable en **optimizar sus operaciones**. Desde la automatización de sus centros logísticos hasta la creación de su propia red de distribución, Amazon ha sido capaz de reducir costos y **mantener márgenes** saludables, incluso mientras crecía a nivel global.

5. Fortalece la retención antes de enfocarte en adquirir más clientes

Centrarte en **mantener a tus clientes actuales** es más rentable y efectivo que solo adquirir nuevos. La **retención de clientes** asegura ingresos recurrentes y una base sólida para el crecimiento. Si no puedes retener a tus clientes, el crecimiento se vuelve insostenible porque siempre estarás gastando para reemplazar a los que se van.

Ejemplo en Spotify: Spotify ha hecho de la **retención de usuarios** una de sus principales estrategias de crecimiento.

Con su enfoque en personalización, listas de reproducción generadas por algoritmos y actualizaciones constantes, mantienen a sus usuarios comprometidos a largo plazo. Esta alta tasa de retención les permite enfocarse en la expansión internacional sin perder clientes clave en sus mercados actuales .

6. Contrata y construye tu equipo de manera estratégica

Uno de los desafíos más grandes en una startup que está creciendo es construir un equipo que pueda sostener el ritmo del crecimiento sin perder calidad. En lugar de contratar rápidamente para llenar vacíos, es crucial **contratar de manera estratégica**, asegurándote de que cada persona se alinee con la visión de la empresa y tenga el potencial de crecer con el negocio.

Ejemplo en Google: Google es conocido por su proceso de contratación selectivo. En lugar de contratar en masa durante sus primeras fases de crecimiento, Google se centró en construir un equipo pequeño pero altamente eficiente, con un proceso de selección riguroso. Esta **estrategia de contratación enfocada** les permitió escalar rápidamente sin comprometer la cultura o la calidad del trabajo.

7. Diversifica tus canales de ingresos de manera gradual

Una vez que hayas consolidado tu oferta principal, puedes comenzar a **diversificar tus fuentes de ingresos**. Sin embargo, es importante hacerlo de manera gradual, para no sobrecargar a tu equipo o desviar el enfoque de lo que ya funciona. La diversificación debe ser una extensión natural de tu negocio, no un intento desesperado por aumentar las ventas.

Ejemplo en Facebook (Meta): Facebook comenzó como una red social, pero una vez que consolidó su base de usuarios, comenzó a diversificar sus fuentes de ingresos mediante la incorporación de **publicidad**. Posteriormente, expandieron sus operaciones con la adquisición de otras plataformas como **Instagram** y **WhatsApp**, diversificando sus flujos de ingresos sin perder el enfoque en su producto principal.

Conclusión: El crecimiento sostenible es un maratón, no una carrera

Crecimiento y sostenibilidad deben ir de la mano para garantizar el éxito a largo plazo. Las estrategias que priorizan **la calidad**, el **control de los costos**, y la **retención de clientes** son las que permiten que una startup crezca sin perder estabilidad. Empresas como **Apple**, **Tesla**, **Netflix**, **Amazon**, **Spotify** y **Google** han demostrado que un enfoque estratégico y sostenible en el crecimiento es clave para mantenerse competitivos a lo largo del tiempo.

En **Pago Fácil**, aprendimos que la sostenibilidad implica tomar decisiones estratégicas y construir una base sólida que pueda soportar el crecimiento sin comprometer la calidad o la rentabilidad. **El crecimiento es importante**, pero solo si se construye sobre cimientos fuertes.

∽

CLAVES PARA ESCALAR UNA STARTUP TECNOLÓGICA

Escalar una **startup tecnológica** implica mucho más que simplemente crecer. Es un proceso estratégico que requiere solidez en la operación, capacidad para absorber el crecimiento sin comprometer la calidad y una infraestructura que permita sostener el aumento de usuarios, ingresos y complejidad. Aunque muchas startups aspiran a convertirse en el próximo unicornio, el camino para **escalar con éxito** está lleno de desafíos que, si no se manejan correctamente, pueden llevar a la **desintegración de la empresa**.

En mi experiencia con **Pago Fácil**, aprendimos que escalar requiere una combinación de **disciplina operativa, enfoque en el cliente y una estructura sólida** que permita el crecimiento continuo. No puedes simplemente lanzarte a escalar sin asegurarte de que cada parte de tu negocio esté lista para soportar esa expansión.

Aquí algunas **claves esenciales** para escalar de manera eficiente y sostenible, basadas en la experiencia de empresas tecnológicas que han logrado crecer de manera exitosa y los aprendizajes obtenidos en **Pago Fácil**.

1. Construye una infraestructura tecnológica escalable

Uno de los mayores errores que pueden cometer las startups tecnológicas es **subestimar la infraestructura necesaria** para soportar el crecimiento. A medida que adquieres más usuarios, tu plataforma necesita ser capaz de **manejar una mayor carga de trabajo sin fallar**. Eso significa construir una infraestructura flexible y escalable desde el principio.

Ejemplo en Netflix: En sus primeros años, Netflix pasó de ser un servicio de DVD por correo a convertirse en una plataforma de streaming global. Para poder escalar, Netflix hizo una transición crítica a **Amazon Web Services (AWS)**, asegurando que su infraestructura fuera lo suficientemente robusta para manejar millones de usuarios simultáneamente. Invertir en esta infraestructura les permitió **escalar globalmente** sin interrupciones de servicio.

En **Pago Fácil**, también entendimos la importancia de tener una base tecnológica robusta que pudiera soportar el crecimiento de usuarios sin comprometer la **experiencia del cliente**. Esto nos permitió expandirnos a nuevas pymes sin fallas en el servicio.

2. Mantén un enfoque obsesivo en el cliente

Escalar sin perder de vista al **cliente** es una de las claves más importantes. A medida que una startup tecnológica crece, es fácil enfocarse solo en los números y olvidarse de por qué comenzaste el negocio en primer lugar: **resolver un problema real para tus clientes**. Escalar debe implicar seguir mejorando la experiencia de usuario y asegurarte de que el crecimiento no comprometa la **calidad del servicio**.

Ejemplo en Amazon: Jeff Bezos siempre ha enfatizado que Amazon es una empresa "obsesionada con el cliente". Este enfoque no cambió a medida que Amazon escalaba. Durante su crecimiento masivo, mantuvieron su compromiso con ofrecer la mejor experiencia de usuario, desde la entrega rápida hasta la política de devoluciones sin complicaciones. Esta filosofía ha sido fundamental para su éxito global.

3. Automatiza procesos clave

Uno de los desafíos de escalar es que las operaciones se vuelven más complejas a medida que aumenta el número de usuarios, productos y servicios. Si los procesos manuales se mantienen en el centro de las operaciones, es fácil perder eficiencia y calidad. **Automatizar procesos clave** es crucial para mantener la eficiencia y permitir que el equipo se enfoque en áreas más estratégicas del negocio.

Ejemplo en Stripe: Stripe, la plataforma de pagos online, es conocida por su enfoque en la **automatización** desde el día uno. Su API facilita a las empresas la integración de pagos en sus plataformas de manera sencilla, lo que les permitió escalar rápidamente sin requerir un crecimiento proporcional en su equipo de soporte técnico. Al centrarse en la automatización, Stripe pudo servir a empresas de todos los tamaños y escalar globalmente.

En **Pago Fácil**, la **automatización** también fue clave. Desde la gestión de pagos hasta la atención al cliente, los procesos que antes eran manuales se transformaron en sistemas automatizados, lo que nos permitió escalar sin perder eficiencia ni calidad.

4. Contrata de manera estratégica

A medida que tu startup crece, el equipo también debe hacerlo. Sin embargo, la **contratación masiva** sin un plan estratégico puede tener un efecto negativo en la cultura y en la cohesión del equipo. Lo ideal es **contratar por etapas** y asegurarte de que cada nueva incorporación esté alineada con la misión y visión de la empresa.

Ejemplo en Google: Google es un excelente ejemplo de una empresa que creció rápidamente, pero mantuvo un enfoque cuidadoso en sus procesos de contratación. Su riguroso proceso de selección les permitió incorporar solo a las personas que compartían los valores y la misión de la empresa, lo que aseguró que la **cultura de innovación** se mantuviera incluso mientras la empresa se expandía a nivel global.

5. Escala tu producto de manera inteligente

Escalar no significa simplemente agregar más características o lanzar nuevas versiones de tu producto. El crecimiento debe ser **estratégico**, y las nuevas funcionalidades deben alinearse con las necesidades de los usuarios. Muchas empresas fallan porque intentan agregar demasiadas características antes de haber consolidado su producto principal.

Ejemplo en Slack: Cuando Slack comenzó, se enfocó en ser la mejor herramienta de comunicación para equipos. Aunque la empresa creció rápidamente, **no agregaron características innecesarias** de inmediato. En cambio, se aseguraron de que su plataforma principal fuera extremadamente funcional y confiable antes de expandirse a integraciones adicionales o nuevas funcionalidades. Este enfoque estratégico les permitió escalar de manera eficiente y manteniendo una alta satisfacción del cliente.

6. Consolida tu fuente de ingresos antes de diversificar

Es tentador, al escalar, querer abrir nuevos flujos de ingresos o atacar nuevos mercados de inmediato. Sin embargo, una de las claves para escalar una startup tecnológica es primero consolidar la **fuente de ingresos principal** antes de diversificar. Asegúrate de que tu producto principal esté generando ingresos estables y que tu modelo de negocio sea sostenible antes de aventurarte en nuevas áreas.

Ejemplo en Facebook (Meta): Facebook, antes de expandirse a otras plataformas como Instagram o WhatsApp, consolidó su modelo de ingresos basado en **publicidad**. Esta consolidación de su fuente de ingresos principal les permitió tener el músculo financiero y la estabilidad necesarios para adquirir y expandirse a otras áreas sin poner en riesgo el negocio principal.

7. No olvides la rentabilidad

El **crecimiento a cualquier costo** puede ser peligroso. Escalar una startup tecnológica implica invertir en infraestructura, equipo y tecnología, pero es importante no perder de vista la **rentabilidad** a medida que creces. Escalar solo es sostenible si, eventualmente, el crecimiento se traduce en ganancias.

Ejemplo en Uber: Uber, a lo largo de su rápido crecimiento, ha enfrentado dificultades para lograr rentabilidad en algunos mercados. Aunque su expansión global fue agresiva, el desafío de equilibrar crecimiento y rentabilidad sigue siendo una lección importante para startups que aspiran a escalar sin comprometer la estabilidad financiera.

En **Pago Fácil**, mantuvimos siempre un **enfoque en la rentabilidad**, asegurándonos de que cada paso hacia el crecimiento estuviera respaldado por una base financiera sólida. No se trata solo de crecer por crecer, sino de hacerlo de manera rentable y sostenible.

Conclusión: Escalar con inteligencia y sostenibilidad

Escalar una startup tecnológica con éxito no solo requiere una infraestructura sólida y un equipo eficiente, sino también una mentalidad estratégica que priorice la **experiencia del cliente**, la **automatización** y el **crecimiento rentable**. Empresas como **Netflix, Google, Amazon, Stripe, Slack** y **Facebook** han demostrado que el éxito al escalar no se basa en la velocidad, sino en la capacidad de mantener la **calidad y eficiencia operativa** a lo largo del proceso.

En **Pago Fácil**, aprendimos que escalar de manera sostenible y rentable es posible cuando se tiene un enfoque claro, procesos eficientes y una infraestructura sólida que permita absorber el crecimiento sin comprometer la calidad del servicio. **Escalar una startup tecnológica es un maratón, no una carrera**, y solo aquellos que logran hacerlo con inteligencia y disciplina pueden sostener el éxito a largo plazo.

CASOS PRÁCTICOS DE ESCALABILIDAD

La **escalabilidad** es el proceso mediante el cual una startup puede crecer rápidamente, sin comprometer la calidad de su producto o servicio, y sin aumentar significativamente sus costos. En el mundo tecnológico, la escalabilidad es un objetivo clave para convertir un pequeño negocio en una empresa global. Sin embargo, no todas las startups escalan de la misma manera, y los **casos prácticos** de empresas que han escalado con éxito nos ofrecen lecciones valiosas sobre cómo hacerlo de manera inteligente y sostenible.

A continuación, te presentamos algunos casos prácticos de empresas que lograron escalar exitosamente, con estrategias y enfoques que han sido fundamentales para su crecimiento.

1. Slack: Crecimiento rápido y centrado en la simplicidad

Slack, una plataforma de comunicación empresarial, es un excelente ejemplo de cómo una startup puede **escalar rápidamente** manteniendo el enfoque en la simplicidad de su producto. Desde el principio, Slack se centró en ofrecer una herramienta sencilla pero poderosa que solucionaba un problema muy específico: la **comunicación interna** dentro de los equipos. En lugar de añadir múltiples características desde el inicio, se enfocaron en mejorar la experiencia de usuario y en ser fáciles de integrar con otras herramientas.

Uno de los factores clave en la escalabilidad de Slack fue su enfoque en el **modelo freemium**. Este modelo les permitió atraer usuarios de manera orgánica, ofreciéndoles una versión gratuita del producto y luego motivando a las empresas a adoptar la versión de pago conforme crecía su dependencia en la plataforma. El crecimiento orgánico y la facilidad de uso le dieron a Slack la tracción necesaria para escalar rápidamente, alcanzando millones de usuarios en poco tiempo.

La lección clave de Slack es que no es necesario tener un producto complejo para escalar. **Mantener la simplicidad**, mientras aseguras que tu solución realmente resuelve un problema, puede ser suficiente para atraer usuarios de manera masiva.

2. Airbnb: Escalabilidad basada en la comunidad

Airbnb es uno de los casos más destacados de cómo escalar una plataforma basada en la **economía colaborativa**. Al principio, Airbnb enfrentó dificultades para atraer tanto a anfitriones como a usuarios, ya que las personas no confiaban fácilmente en la idea de alojarse en la casa de un extraño. Sin embargo, la startup logró superar este desafío al enfocarse en **crear confianza** en la plataforma, implementando reseñas, garantías y un excelente servicio al cliente.

El verdadero motor de escalabilidad de Airbnb fue su capacidad para construir una **comunidad sólida**. Los primeros usuarios de la plataforma se convirtieron en embajadores, recomendando la plataforma a sus amigos y colegas. Airbnb también fue inteligente en cuanto a su **expansión geográfica**. Comenzaron en mercados específicos y luego escalaron rápidamente en nuevas ciudades y países, ajustando la plataforma según las regulaciones locales y las necesidades culturales.

El caso de Airbnb nos muestra que escalar una startup no se trata solo de aumentar el número de usuarios, sino de **construir una comunidad confiable** y adaptable a distintos mercados.

3. Zoom: Escalabilidad en tiempos de crisis

Zoom, la plataforma de videoconferencias, ya había demostrado un crecimiento sostenido antes de la pandemia de COVID-19, pero fue durante la crisis cuando verdaderamente escaló a niveles sin precedentes. Zoom ya había construido una **infraestructura sólida** que le permitió manejar el aumento masivo de usuarios cuando el mundo entero comenzó a trabajar y estudiar desde casa. Su enfoque en la **facilidad de uso** y la **calidad de la transmisión de video** fue lo que los diferenció de otras plataformas.

Zoom fue capaz de escalar rápidamente debido a que su arquitectura tecnológica ya estaba preparada para el crecimiento. Además, su enfoque en ofrecer una solución confiable para la videoconferencia, algo que muchas otras plataformas ofrecían pero con menos calidad y estabilidad, los ayudó a posicionarse como líderes del mercado. Lo importante aquí es que Zoom se enfocó en **hacer una cosa extremadamente bien** y en estar preparado para cuando la oportunidad de escalar se presentara.

4. Spotify: Escalabilidad basada en la personalización

El éxito de **Spotify** como plataforma de música por streaming no solo se debe a la calidad de su servicio, sino a su capacidad para ofrecer una experiencia altamente **personalizada** a cada usuario. Desde el principio, Spotify se enfocó en usar

algoritmos de recomendación avanzados que aprendían de las preferencias musicales de los usuarios para ofrecer listas personalizadas. Esto generó una experiencia única que motivaba a los usuarios a seguir utilizando la plataforma.

A medida que Spotify escalaba, no solo se apoyó en la adquisición de nuevos usuarios, sino en mejorar continuamente la **retención** de sus usuarios actuales a través de nuevas funcionalidades y contenidos, como podcasts y colaboraciones exclusivas con artistas. Su enfoque en el **modelo freemium**, donde una gran parte de los usuarios disfrutan de la versión gratuita y se convierten en suscriptores premium, fue clave para su escalabilidad.

La lección de Spotify es que, a medida que una startup escala, es fundamental seguir invirtiendo en **innovación** y **personalización** para mantener a los usuarios comprometidos.

5. Stripe: Escalabilidad a través de la integración y el enfoque en desarrolladores

Stripe, una plataforma de pagos online, escaló rápidamente debido a su enfoque en **ofrecer una herramienta para desarrolladores** que facilitara la integración de pagos en cualquier tipo de aplicación. Stripe simplificó un proceso que antes era tedioso y costoso, proporcionando una API fácil de usar que permitía a las startups y a grandes empresas gestionar sus pagos de manera eficiente.

Lo que hace que el caso de Stripe sea especialmente interesante es su enfoque en ser la **mejor solución para desarrolladores**. Al centrarse en este nicho específico y ofrecer una **experiencia fluida**, Stripe escaló rápidamente a nivel global y hoy es utilizada por miles de empresas tecnológicas de todo el mundo. En lugar de expandir demasiado pronto su oferta de productos, **Stripe se mantuvo fiel a su enfoque inicial**, lo que les permitió crecer de manera sólida y segura.

El caso de Stripe destaca que enfocarse en resolver un

problema de manera específica y profunda puede ser la clave para escalar, especialmente en un mercado competitivo.

Conclusión: Escalar con inteligencia, comunidad y enfoque

Los casos de **Slack**, **Airbnb**, **Zoom**, **Spotify** y **Stripe** nos ofrecen lecciones clave sobre cómo escalar una startup tecnológica de manera efectiva. Aunque cada una de estas empresas enfrentó desafíos únicos, lo que todas tienen en común es su capacidad para **enfocarse en resolver problemas específicos** de manera sobresaliente, construir una **comunidad fiel** y mantener la **calidad del producto** a medida que crecen.

Escalar no es simplemente cuestión de agregar más usuarios o ingresos, sino de **crear una infraestructura sólida**, ofrecer una **experiencia excelente** y **mantener el enfoque en el cliente**. Estos casos prácticos nos muestran que la escalabilidad exitosa requiere de estrategia, disciplina y un entendimiento profundo de las necesidades del mercado.

CAPÍTULO 6

Gestión de Tiempo y Recursos

CÓMO ORGANIZAR TU TIEMPO EN LAS PRIMERAS ETAPAS DEL EMPRENDIMIENTO

Cuando inicias una startup, es casi imposible evitar el **trabajo constante**. En esta fase, el emprendedor a menudo se enfrenta a múltiples responsabilidades: desarrollo de producto, búsqueda de clientes, marketing, soporte al cliente y todo lo que implica poner en marcha un negocio. Si bien hay muchas herramientas y técnicas de productividad, la verdad es que, **en las primeras etapas, el éxito está muy relacionado con el esfuerzo intenso** y, en muchos casos, el trabajo **casi 24/7**.

Personalmente, no conozco a ningún emprendedor exitoso que no haya trabajado **arduamente** en los inicios de su negocio. Es el precio de la **validación del mercado**, el ajuste del producto y la creación de algo que realmente funcione. Sin embargo, incluso cuando trabajas intensamente, es clave saber **cómo gestionar tu tiempo** para asegurarte de que estás trabajando en lo correcto y no simplemente ocupándote en tareas que no aportan valor.

Aquí te presento algunas estrategias clave para **organizar tu tiempo** en las primeras etapas del emprendimiento, basadas en mi experiencia y en ejemplos prácticos de otras empresas que también enfrentaron este desafío.

1. Prioriza tareas de alto impacto

En esta fase, debes concentrarte en las actividades que **generan resultados directos**. No puedes permitirte perder tiempo en tareas administrativas o triviales. La **priorización** es clave: enfócate en lo que mueve el negocio hacia adelante, como el desarrollo del producto, la adquisición de usuarios y la validación del mercado. Otras tareas, aunque importantes, deben esperar.

Ejemplo en Elon Musk: Elon Musk, fundador de Tesla y SpaceX, es conocido por su **nivel de compromiso** y su capacidad para trabajar largas horas. En las primeras etapas, Musk priorizó **las tareas más críticas** para la supervivencia de sus empresas, como el diseño y desarrollo de productos, y la obtención de recursos clave. Esta obsesión por las tareas de alto impacto fue fundamental para el éxito de sus startups.

Consejo práctico: Al iniciar cada día, pregúntate: "¿Qué es lo más importante que puedo hacer hoy para avanzar mi negocio?". Enfócate en esas tareas y deja todo lo demás para después.

2. Bloques de tiempo intensivo para trabajo profundo

El trabajo constante y prolongado puede ser abrumador si no se gestiona bien. Aunque las horas de trabajo sean largas, es útil **bloquear tiempos específicos** para trabajar en tareas que requieren concentración total, lo que se conoce como **trabajo profundo**. Dedica horas continuas a tareas como el desarrollo del producto o reuniones clave sin interrupciones, asegurando que avanzas en lo más importante.

Ejemplo en Jeff Bezos (Amazon): En las primeras etapas de Amazon, Bezos trabajaba intensamente, pero siempre se aseguraba de dedicar tiempo al **trabajo profundo**, donde podía concentrarse en las decisiones más importantes, como las operaciones logísticas o el diseño de la plataforma. El trabajo fragmentado puede ser menos efectivo, por lo que es mejor enfocarse en bloques de tiempo largos para las tareas críticas.

Consejo práctico: Dedica al menos 3-4 horas seguidas cada día para tareas estratégicas sin interrupciones. Apaga notificaciones y crea un ambiente que te permita concentrarte.

3. Acepta que en las primeras etapas, tú eres el que más trabaja

En las primeras etapas, **el fundador lleva la mayor carga**. Esto es parte del proceso y no debe verse como algo negativo, sino como la realidad de iniciar un negocio. Puede ser frustrante ver que no tienes suficiente tiempo para todo, pero en esta fase, es normal trabajar más que todos los demás. **Ser el motor de tu startup es un sacrificio necesario**.

Ejemplo en Airbnb: Los fundadores de Airbnb, Brian Chesky y Joe Gebbia, trabajaban días enteros, desde tomar fotos de los listados hasta comunicarse directamente con los primeros usuarios para asegurarse de que la experiencia fuera perfecta. Aceptaron que durante los primeros años, **el trabajo intenso** era parte de su camino hacia el éxito.

Consejo práctico: No te frustres por el volumen de trabajo. Acepta que en esta fase es parte del proceso y mentalízate para resistir ese ritmo mientras pones en marcha tu negocio.

4. Encuentra micro-descansos para mantener la energía

Aunque el trabajo arduo es inevitable, es esencial encontrar **micro-descansos** durante el día. Pequeños períodos de descanso, incluso de 5 o 10 minutos, pueden ayudarte a mantener la energía durante largas jornadas. Esto no significa perder el foco, sino darle a tu mente y cuerpo un momento de recuperación para evitar el agotamiento.

Ejemplo en Jack Dorsey (Twitter, Square): Jack Dorsey es conocido por sus **micro-descansos** durante el día, donde medita o sale a caminar. Aunque trabaja intensamente, estos pequeños descansos le permiten **mantener la claridad mental** y la energía para seguir trabajando sin quemarse.

Consejo práctico: Programa descansos cortos después de períodos de trabajo intenso. Estos descansos pueden ser tan simples como levantarte, tomar agua o dar una caminata rápida, lo que te ayudará a mantener la productividad.

5. Ajusta tu ritmo de trabajo con el tiempo

Aunque es normal trabajar casi sin parar en los primeros meses o incluso años, **este ritmo no debe ser permanente**. A medida que tu startup crece y logras más estabilidad, es crucial ajustar tu ritmo y delegar más responsabilidades. No puedes mantener un esfuerzo sostenido de 24/7 indefinidamente sin consecuencias para tu salud o tu capacidad de tomar decisiones estratégicas. **El objetivo es crear un negocio sostenible**.

Ejemplo en Steve Jobs (Apple): Steve Jobs fue conocido por trabajar incansablemente durante las primeras etapas de Apple, pero con el tiempo, se volvió más estratégico y empezó a **delegar** muchas de las tareas operativas. Jobs entendió que, para seguir liderando la innovación, debía enfocarse en las decisiones clave y no en todos los detalles del día a día.

Consejo práctico: A medida que tu startup avance, comienza a delegar más tareas y a encontrar un equilibrio entre el trabajo y el descanso. Este cambio será crucial para mantener la visión a largo plazo sin agotarte.

Conclusión: El trabajo arduo es inevitable, pero debe ser estratégico

En las primeras etapas de una startup, es normal sentir que estás **trabajando todo el tiempo**. De hecho, la mayoría de los emprendedores exitosos han tenido que hacer sacrificios personales y trabajar largas horas para lograr que su negocio despegue. Sin embargo, trabajar arduamente no significa perder la eficiencia. **Priorizar tareas de alto impacto, organizar tu tiempo de manera inteligente y aceptar que esta fase requiere esfuerzo extremo** te permitirá maximizar los resultados sin caer en el agotamiento.

Recuerda que, aunque las primeras etapas son intensas, tu objetivo debe ser **crear un sistema sostenible** que te permita crecer y delegar a medida que tu startup avance.

∾

LA IMPORTANCIA DE PRIORIZAR TAREAS Y DELEGAR

Una de las claves para el éxito de cualquier startup es la **capacidad del CEO para priorizar y delegar**, especialmente en las primeras etapas, donde el volumen de tareas puede parecer abrumador. Sin embargo, hay otro factor que considero fundamental para un buen CEO: **entender un poco de todas las áreas del negocio**, especialmente de tecnología. En mi experiencia, es mucho más fácil encontrar un CEO con un **background tecnológico** que entienda de negocios, que un CEO con formación en negocios que pueda comprender la tecnología en profundidad.

En las startups tecnológicas, la capacidad de un CEO para **dominar aspectos técnicos** es una ventaja enorme, ya que le permite tomar decisiones informadas y estratégicas, tanto en el desarrollo del producto como en el escalamiento de la infraestructura. Un CEO que entiende la tecnología no solo puede priorizar mejor, sino que también puede **delegar** de manera más efectiva, asegurándose de que las decisiones técnicas y estratégicas estén alineadas con los objetivos del negocio.

1. Priorizar lo técnico y lo estratégico

Cuando hablamos de **priorizar tareas**, un CEO con conocimientos técnicos tiene una ventaja: puede distinguir claramente entre las decisiones estratégicas y las operativas en el área de tecnología. Saber cuáles son los **cuellos de botella técnicos** o las prioridades en desarrollo de producto es crucial para evitar decisiones costosas o ineficientes.

Ejemplo en Elon Musk (Tesla, SpaceX): Elon Musk es un excelente ejemplo de un CEO con profundo conocimiento técnico. Su capacidad para entender los aspectos más complejos de la ingeniería y la tecnología le permite priorizar y dirigir de manera efectiva los desarrollos en Tesla y SpaceX. No solo está involucrado en las decisiones estratégicas, sino que también comprende a fondo los detalles técnicos, lo que le permite tomar decisiones más rápidas y precisas.

Consejo práctico: Si eres un CEO con un enfoque tecnológico, asegúrate de mantener tu conocimiento actualizado en todas las áreas clave del negocio. No se trata solo de priorizar lo técnico, sino de comprender cómo las decisiones tecnológicas impactan en el crecimiento y la escalabilidad de tu startup.

2. Delegar con confianza en áreas clave

Cuando un CEO tiene un **background técnico**, es mucho más fácil delegar tareas porque entiende a fondo **qué se necesita hacer** y puede evaluar mejor a su equipo. Esto no significa que deba estar involucrado en todos los detalles técnicos, pero sí significa que puede delegar con mayor confianza, asegurándose de que las personas correctas estén manejando las responsabilidades adecuadas.

Ejemplo en Sundar Pichai (Google): Sundar Pichai, CEO de Alphabet (Google), proviene de un entorno técnico, con un enfoque en la ingeniería de software y el desarrollo de productos. Esto le ha permitido delegar decisiones clave en el área técnica con plena confianza, mientras dirige el crecimiento estratégico de Google. Su comprensión profunda de la tecnología y cómo ésta puede integrarse en el negocio lo hace un líder extremadamente eficiente.

Consejo práctico: Aunque entiendas las bases tecnológicas de tu negocio, delega las decisiones operativas y técnicas a líderes de equipo especializados. Esto te permitirá concentrarte en la visión global y mantener el enfoque en el crecimiento a largo plazo.

3. Entender todas las áreas del negocio

Un buen CEO no solo debe tener conocimientos técnicos, sino también entender de **finanzas, marketing, ventas y estrategia**. La combinación de conocimientos en estas áreas con una base tecnológica sólida te da una **visión integral** del negocio. Esto te permite conectar los puntos entre lo que tu producto necesita técnicamente y cómo puedes escalarlo comercialmente.

Ejemplo en Bill Gates (Microsoft): Bill Gates, cofundador de Microsoft, fue uno de los primeros CEOs en demostrar que un fuerte **background técnico**, combinado con un entendimiento profundo de las **finanzas y el negocio**, podía ser una fórmula ganadora. Gates comprendía cómo construir productos innovadores y, al mismo tiempo, cómo estructurar acuerdos comerciales que impulsaran el crecimiento global de Microsoft.

Consejo práctico: Si tienes un background técnico, invierte tiempo en aprender sobre las áreas de negocio que aún no dominas. Un CEO que entiende todas las áreas puede tomar decisiones más estratégicas y delegar con más claridad y confianza.

4. La ventaja del CEO técnico en un mundo tecnológico

Hoy en día, las startups más exitosas suelen ser aquellas que están impulsadas por la tecnología. En este contexto, un CEO con un **background técnico** tiene una ventaja competitiva clara. No solo comprende las necesidades del producto a nivel de desarrollo, sino que también puede identificar oportunidades y limitaciones en la escalabilidad tecnológica. Esto le permite **priorizar mejor las inversiones** en infraestructura y equipos, lo que es crucial para el crecimiento sostenible.

Ejemplo en Mark Zuckerberg (Facebook): Como fundador y CEO de Facebook, Mark Zuckerberg ha sido capaz de liderar la empresa desde sus inicios gracias a su comprensión técnica del desarrollo de productos. Esta capacidad no solo le permitió construir la red social desde cero, sino también escalarla a nivel global, enfocándose en las prioridades técnicas necesarias para soportar miles de millones de usuarios.

Consejo práctico: Si tienes un perfil técnico, usa esta ventaja para tomar decisiones informadas sobre cómo escalar tu infraestructura, construir productos robustos y evitar las trampas comunes de sobrecargar tu sistema antes de tiempo. Esto te permitirá ser más eficiente en la asignación de recursos y en la delegación de responsabilidades técnicas.

Conclusión: El CEO técnico, un perfil clave en startups tecnológicas

La capacidad de **priorizar tareas** y **delegar** son habilidades fundamentales para cualquier CEO, pero un CEO con un **background técnico** tiene una ventaja clara en las startups tecnológicas. Entender cómo funciona la tecnología, combinado con conocimientos en áreas como negocios, finanzas y ventas, te permite dirigir de manera más efectiva. CEOs como **Elon Musk**, **Sundar Pichai**, **Bill Gates** y **Mark Zuckerberg** han demostrado que un **enfoque técnico** puede ser crucial para el crecimiento y éxito a largo plazo de una empresa.

El equilibrio entre **comprender lo técnico** y **delegar estratégicamente** es lo que permite a un CEO tomar decisiones informadas y enfocar sus esfuerzos en lo que realmente importa: hacer crecer el negocio de manera sostenible.

HERRAMIENTAS RECOMENDADAS PARA LA GESTIÓN DEL TIEMPO

En las primeras etapas de una startup, la **gestión del tiempo** y la correcta utilización de herramientas juegan un papel crucial. El emprendedor tiene que encontrar un equilibrio entre la organización, el trabajo en equipo y la eficiencia, sin generar **gastos innecesarios**. En mi experiencia, siempre es recomendable empezar con **tiers gratuitos** de herramientas clave que optimicen el flujo de trabajo, y solo invertir en aquellas que sean absolutamente necesarias para establecer la base de la compañía.

Personalmente, inicio todos mis proyectos con herramientas como **Google Workspace**, que si bien es un servicio de pago, es fundamental para la gestión del correo, calendario y almacenamiento en la nube. Además, plataformas como **Cloudflare** en su versión gratuita ayudan a mantener la seguridad y la velocidad de tu web desde el primer día. También, siempre uso herramientas como **Notion**, **Asana**, y **Slack** en sus versiones gratuitas para optimizar la gestión de proyectos y la comunicación.

A continuación, te presento una lista de herramientas recomendadas y cómo puedes utilizarlas de acuerdo a las diferentes **etapas de tu startup**.

1. Google Workspace: La base de comunicación y almacenamiento

Google Workspace (antes G Suite) es el único servicio de pago con el que suelo empezar. La razón es simple: necesitas una **base sólida para la comunicación y colaboración** desde el primer día. Google Workspace incluye **Gmail personalizado** para tu dominio, acceso a **Google Drive**, **Google Calendar** y una suite de herramientas como Google Docs y

Sheets, esenciales para trabajar en equipo desde cualquier lugar.

Cómo usarlo en las primeras etapas:

• **Correo personalizado**: Tener un correo profesional desde el inicio (e.g., **@tuempresa.com**) no solo da una imagen profesional, sino que facilita la comunicación con socios, clientes y proveedores.

• **Google Drive**: Utiliza Google Drive para almacenar y compartir documentos importantes de forma segura. Almacena presentaciones, contratos, y toda la documentación esencial sin preocuparte por el espacio (los planes básicos de Google ofrecen almacenamiento generoso).

• **Google Calendar**: Organiza tus reuniones, establece hitos importantes y bloquea tiempo para tareas específicas.

Ejemplo práctico: En las primeras semanas, utiliza Google Drive para **compartir documentos claves** como tu MVP, planes de negocio o propuestas con inversionistas. Además, Calendar te permitirá **coordinar reuniones** internas y externas de manera eficiente.

Etapa en la que lo necesitas: Desde el **primer día**. Tener un sistema de correo y almacenamiento robusto es crucial para cualquier startup.

2. Cloudflare: Seguridad y rendimiento web

Cloudflare es una herramienta indispensable si tu startup tiene una presencia online. En su **tier gratuito**, Cloudflare proporciona servicios clave como **CDN (Content Delivery Network)**, optimización de la velocidad de carga de tu sitio web y protección contra ataques DDoS. Incluso si estás en la fase temprana, es importante garantizar que tu sitio web sea rápido y seguro.

Cómo usarlo en las primeras etapas:

• **Optimización del rendimiento**: Asegúrate de que tu sitio web cargue rápidamente para los usuarios de cualquier parte del mundo utilizando el servicio CDN.

- **Seguridad básica**: Activa las herramientas de seguridad gratuitas que ofrece Cloudflare, como la protección DDoS y el filtrado de bots, para mantener tu sitio protegido desde el inicio.

Ejemplo práctico: Si estás lanzando un **MVP** o una **landing page** para recolectar correos y validar la demanda, usar Cloudflare en su tier gratuito asegura que tu página cargue rápidamente y esté protegida, incluso si recibes un tráfico inesperado.

Etapa en la que lo necesitas: Desde la **fase de lanzamiento del sitio web**. Es esencial para proteger tu infraestructura y mejorar el rendimiento sin costos adicionales.

3. Notion: Organización y planificación integral

Notion es mi herramienta preferida para la **documentación, planificación y gestión de tareas** desde el día uno. Puedes utilizarla para prácticamente todo: desde tomar notas, hasta crear bases de datos, calendarios, y planificar lanzamientos. Lo mejor de Notion es que es **altamente personalizable** y su **tier gratuito** es perfecto para startups en las primeras etapas.

Cómo usarlo en las primeras etapas:

- **Gestión de ideas**: Usa Notion para **documentar tu proceso de ideación** desde los primeros días. Crea secciones para brainstormings, listas de funcionalidades para el MVP y todo lo relacionado con la creación del producto.

- **Organización del equipo**: A medida que empiezas a crecer, puedes utilizar Notion para asignar tareas, crear bases de datos para seguimiento de proyectos, y llevar un registro claro del progreso de cada área.

Ejemplo práctico: Si estás en la fase de construir un MVP, puedes crear una página en Notion donde tengas toda la **información centralizada** sobre el producto, incluyendo timelines, listas de tareas y documentación técnica. Esto te ayuda a mantener todo en un solo lugar sin perder tiempo buscando en varios documentos.

Etapa en la que lo necesitas: Ideal para la **fase de desarrollo de producto** y gestión del día a día. Puedes empezar a usarlo desde que lanzas la idea y continúas utilizándolo conforme crece tu equipo.

4. Asana: Gestión de tareas y proyectos

Asana es una herramienta clave para la **gestión de proyectos**. Aunque Notion puede hacer muchas de estas funciones, Asana tiene la ventaja de estar diseñada específicamente para dividir proyectos en tareas más pequeñas y hacer seguimiento. Puedes asignar tareas a los miembros de tu equipo, establecer fechas de entrega y visualizar el avance de manera clara. La **versión gratuita** es excelente para startups pequeñas.

Cómo usarlo en las primeras etapas:

- **Gestión de equipo**: Asana te permite gestionar el flujo de trabajo del equipo desde el inicio. Si ya tienes cofundadores o algunos miembros clave, asigna tareas claras y realiza el seguimiento de proyectos importantes.

- **Visualización del progreso**: Puedes usar las diferentes vistas (lista, calendario o tablero Kanban) para ver el progreso del trabajo. Esto te permite ajustar las prioridades en tiempo real y evitar retrasos.

Ejemplo práctico: Si estás planificando un **lanzamiento**, Asana puede ser muy útil para **visualizar todos los pasos del proceso**, desde el marketing hasta el desarrollo de producto. Divide las tareas en subtareas y asigna responsables para cada fase.

Etapa en la que lo necesitas: Desde la **fase de construcción del equipo**. Cuando comienzas a asignar tareas y gestionar proyectos, Asana te permitirá coordinar el trabajo de manera eficiente.

5. Slack: Comunicación en equipo

Slack es esencial para la **comunicación interna** en tiempo real. La versión gratuita es más que suficiente para una startup pequeña y te permite crear canales específicos para diferentes temas o proyectos. Esto mantiene la comunicación organizada y evita la confusión que puede generar el uso del correo electrónico para todo. Además, puedes **integrarlo con otras herramientas** como Google Drive, Asana o Notion, creando un ecosistema de trabajo eficiente.

Cómo usarlo en las primeras etapas:

• **Comunicación rápida**: Crea canales para diferentes temas (por ejemplo, marketing, producto, soporte) y mantén la comunicación centralizada en un solo lugar. Puedes integrar recordatorios automáticos o crear bots que te ayuden a gestionar tareas rutinarias.

• **Integración con otras herramientas**: Conecta Slack a Google Drive, Asana y Notion para recibir notificaciones directamente en los canales de Slack cuando hay actualizaciones importantes en proyectos o archivos.

Ejemplo práctico: Si tienes un equipo trabajando en remoto o en diferentes áreas, Slack es ideal para **mantener la comunicación fluida** sin saturar de correos electrónicos. Además, puedes hacer videollamadas directamente desde Slack para coordinar reuniones rápidas.

Etapa en la que lo necesitas: Ideal desde la **fase de formación del equipo**. A medida que agregas más miembros al equipo, Slack se vuelve esencial para mantener la comunicación clara y eficiente.

Conclusión: Usar las herramientas adecuadas según la etapa de tu startup

El éxito en las primeras etapas de una startup depende de la capacidad para **gestionar el tiempo y los recursos** de manera eficiente. Herramientas como **Google Workspace**,

Cloudflare, **Notion**, **Asana** y **Slack** ofrecen tiers gratuitos o accesibles que te permiten optimizar tu flujo de trabajo sin generar costos innecesarios. Utilizar estas herramientas desde el principio no solo mejora la **organización**, sino que también te prepara para **escalar de manera eficiente** a medida que tu startup crece.

Cada una de estas herramientas tiene un rol importante en diferentes fases del desarrollo de la empresa, desde la **creación del producto**, pasando por la **comunicación interna**, hasta la **gestión de proyectos y seguridad**. Integrarlas adecuadamente a tu flujo de trabajo desde el primer día te permitirá concentrarte en lo más importante: **hacer crecer tu startup**.

CAPÍTULO 7

Consejos de Fundadores Experimentados

LECCIONES CLAVE DE FUNDADORES EXITOSOS

En el camino del emprendimiento tecnológico, hay lecciones que solo se aprenden a través de la experiencia y la perseverancia. Los fundadores de startups tecnológicas más exitosas del mundo no llegaron a donde están sin cometer errores, enfrentar desafíos y ajustar sus estrategias a lo largo del tiempo. En esta sección, te comparto algunas de las **lecciones clave** aprendidas por fundadores que han marcado un antes y un después en la industria tecnológica. Estas ideas, aunque pueden variar según la visión de cada emprendedor, tienen algo en común: son principios que se aplican a cualquier startup en crecimiento, y reflejan lo que considero **pilares esenciales para el éxito** en el mundo del emprendimiento.

Aquí tienes **10 lecciones clave** de fundadores tecnológicos que son ejemplos a seguir en la industria:

. . .

1. "Enamórate del problema, no de la solución" – Brian Chesky (Airbnb)

Una de las lecciones más valiosas que aprendí en mi propio recorrido es la importancia de **enfocarte en el problema**, no en la solución. Esto lo viví cuando nos dimos cuenta de que muchos emprendedores se enamoran de su producto y no del **problema real** que están resolviendo. Brian Chesky, cofundador de Airbnb, también lo aprendió en las primeras etapas de su empresa. En lugar de centrarse en la plataforma en sí, Chesky y su equipo dedicaron tiempo a comprender profundamente los problemas de confianza y seguridad que enfrentaban los usuarios al reservar alojamiento con extraños. Resolver estos problemas fue lo que finalmente impulsó el éxito de Airbnb.

Lección clave: Nunca pierdas de vista el problema real que estás resolviendo para tus usuarios. Si entiendes el problema a fondo, tu solución evolucionará de manera natural.

2. "El producto no tiene que ser perfecto desde el inicio" – Reid Hoffman (LinkedIn)

Reid Hoffman, cofundador de LinkedIn, suele decir: "Si no te avergüenza de la primera versión de tu producto, lo lanzaste demasiado tarde". La perfección es un enemigo peligroso en las primeras etapas de una startup. Es mejor lanzar un **MVP (Producto Mínimo Viable)** lo antes posible y obtener feedback de los usuarios. Hoffman entendió que iterar rápidamente con base en el feedback real del mercado es mucho más efectivo que tratar de perfeccionar algo antes de tiempo.

Lección clave: Lanza rápido, recibe feedback y mejora continuamente. No esperes a que tu producto esté perfecto.

. . .

3. "Tu equipo es todo" – Steve Jobs (Apple)

Para **Steve Jobs**, uno de los elementos más cruciales del éxito de Apple fue la construcción de un equipo sólido. Jobs entendía que para crear productos revolucionarios necesitaba rodearse de personas talentosas que compartieran su visión y pudieran ejecutar de manera excepcional. Su capacidad para formar equipos de primer nivel le permitió lanzar productos innovadores como el iPhone y el Mac.

Lección clave: Invierte tiempo en construir un equipo talentoso y comprometido con la visión de la empresa. El equipo es el corazón de cualquier startup exitosa.

4. "La cultura de la empresa es tu mayor ventaja competitiva" – Tony Hsieh (Zappos)

El fundador de Zappos, **Tony Hsieh**, creía firmemente que una cultura empresarial fuerte era una ventaja competitiva difícil de replicar. Zappos no solo era conocido por su excelente servicio al cliente, sino también por la cultura interna que promovía la felicidad, la transparencia y la autonomía de los empleados. Para Hsieh, una **cultura empresarial sólida** era tan importante como el producto.

Lección clave: La cultura organizacional puede ser un factor decisivo para el éxito. Fomenta un ambiente donde las personas se sientan valoradas y conectadas con la misión.

5. "Haz que cada usuario cuente" – Drew Houston (Dropbox)

En las primeras etapas de **Dropbox**, Drew Houston y su equipo hicieron un esfuerzo consciente por construir una relación sólida con sus primeros usuarios. Houston comprendía que el boca a boca sería clave para el crecimiento de Dropbox, por lo que se centró en convertir a esos primeros usuarios en

promotores entusiastas del producto. Esta dedicación les permitió escalar rápidamente.

Lección clave: Cuida a tus primeros usuarios. Cada cliente es importante, y si logras que estén satisfechos, ellos te ayudarán a atraer muchos más.

6. "Fracasa rápido y sigue adelante" – Jeff Bezos (Amazon)

Jeff Bezos, fundador de Amazon, es un firme creyente en la experimentación continua y la **tolerancia al fracaso**. Bezos siempre ha defendido que para innovar es necesario estar dispuesto a fallar, y Amazon no es ajeno a ello: productos como el Fire Phone fueron un fracaso, pero el aprendizaje de esos errores permitió a la empresa mejorar en otros frentes, como con el éxito de Alexa.

Lección clave: No temas a los fracasos. Son una parte natural del proceso de innovación y pueden ofrecer lecciones valiosas.

7. "Piensa a largo plazo" – Elon Musk (Tesla, SpaceX)

Elon Musk siempre ha sido conocido por su enfoque en los proyectos a largo plazo. Tanto en Tesla como en SpaceX, Musk se ha centrado en resolver **problemas a gran escala**, como la sostenibilidad energética y la exploración espacial. Su habilidad para mantener una visión a largo plazo, incluso frente a desafíos inmediatos, ha sido clave para el éxito de ambas empresas.

Lección clave: Mantén siempre una visión a largo plazo. Las decisiones que tomes hoy deben alinearse con el futuro que imaginas para tu empresa.

. . .

8. "Escucha a tus usuarios, pero no los sigas ciegamente" – Henry Ford

Henry Ford no fue un fundador tecnológico, pero su visión tiene aplicaciones muy relevantes en la industria actual. Ford dijo una vez: "Si le hubiera preguntado a la gente qué querían, habrían dicho caballos más rápidos". La innovación real proviene de escuchar a los usuarios, pero también de **ver más allá de sus deseos inmediatos** y pensar en soluciones que ellos aún no saben que necesitan.

Lección clave: Escuchar a tus usuarios es importante, pero la verdadera innovación ocurre cuando piensas más allá de lo que ellos piden y les das algo que ni siquiera sabían que necesitaban.

9. "Escala de manera controlada" – Patrick Collison (Stripe)

El cofundador de **Stripe**, **Patrick Collison**, comprendió que para escalar una empresa tecnológicamente compleja, era necesario hacerlo de manera **controlada y estratégica**. En lugar de crecer desmedidamente, Collison y su equipo se enfocaron en asegurarse de que cada paso en su crecimiento estuviera respaldado por una infraestructura sólida y un producto de calidad.

Lección clave: Crecer rápidamente puede ser peligroso si no estás preparado. Escala tu empresa de manera controlada, asegurándote de que tu producto y tu infraestructura puedan soportar el crecimiento.

10. "Construye algo que realmente te apasione" – Mark Zuckerberg (Facebook)

Desde sus inicios, **Mark Zuckerberg** construyó Facebook con una visión clara: conectar a las personas y construir comunidades. Su **pasión** por esa misión le permitió superar múltiples desafíos y convertir a Facebook en la red social más grande del mundo. Cuando realmente estás apasionado por lo que haces, es mucho más fácil mantenerte enfocado en el largo plazo.

Lección clave: Trabaja en algo que realmente te apasione. La pasión será lo que te mantenga enfocado y motivado cuando enfrentes los inevitables desafíos del emprendimiento.

Conclusión: Lecciones que transforman el camino emprendedor

Las lecciones de estos fundadores reflejan la importancia de ser **ágil**, **resiliente** y, sobre todo, estar dispuesto a aprender de los errores. Desde entender la importancia de resolver un problema real hasta priorizar la cultura de la empresa y mantener una visión a largo plazo, estas enseñanzas son clave para cualquier emprendedor que busque crear una startup tecnológica exitosa. Aunque cada emprendedor tiene su propio estilo, estas lecciones universales son aplicables a startups de cualquier tamaño y sector.

∽

QUÉ EVITAR Y CÓMO APRENDER DE LOS ERRORES DE OTROS

Uno de los mayores errores que cometen los emprendedores es pensar que el fracaso es algo que debe evitarse a toda costa. En realidad, **los errores y fracasos son una parte inevitable del camino emprendedor**. Lo importante es saber **cómo aprender de ellos** y, aún mejor, aprender de los errores de otros. A través de mi experiencia, y el trabajo en **El Ecosistema Startup**, he aprendido que compartir los fracasos y las lecciones más duras es tan valioso como celebrar los éxitos. De hecho, **los fracasos no deberían ser un tabú**, sino una fuente de aprendizaje constante.

Mi visión ha sido clara: los emprendedores deben sentirse libres de hablar sobre sus tropiezos, reconocer los errores y, sobre todo, aprender de ellos para mejorar. Escuchar podcasts, leer crónicas de fracasos y reflexionar sobre las experiencias de otros fundadores es una herramienta poderosa para **evitar caer en las mismas trampas**. Si bien cada startup es única, hay errores comunes que se repiten en el ecosistema emprendedor, y conocerlos te dará una ventaja para enfrentarlos mejor preparado.

A continuación, te comparto algunos de los errores más comunes que los emprendedores cometen y cómo aprender de ellos, basándome en mi experiencia y las historias que han compartido muchos otros fundadores exitosos y fracasados.

1. Enamorarse de la solución y no del problema

Uno de los errores más repetidos por los fundadores es **enamorarse de la solución** que han creado, sin prestar suficiente atención al problema real que buscan resolver. Cuando te enfocas demasiado en tu tecnología o en lo "innovadora" que es tu solución, corres el riesgo de ignorar si el mercado realmente necesita lo que estás construyendo.

Cómo evitarlo: Siempre mantén la atención en el **problema** que estás resolviendo. Realiza validaciones constantes con tus usuarios para asegurarte de que lo que estás construyendo realmente responde a una necesidad real. En **Pago Fácil**, aprendimos que la clave era escuchar constantemente a nuestros clientes para adaptar la solución, en lugar de quedarnos fijos en nuestra idea inicial.

. . .

2. Intentar hacer todo uno mismo

Es tentador pensar que, como fundador, tienes que hacerlo todo por ti mismo. Desde el desarrollo del producto hasta la venta, la atención al cliente y las finanzas. Si bien es cierto que en las primeras etapas puede ser necesario "ponerse muchos sombreros", llegar a un punto donde intentas hacerlo todo sin delegar puede ser fatal para tu startup. El **burnout** es uno de los principales riesgos.

Cómo evitarlo: Aprende a **delegar**. El crecimiento de tu empresa dependerá en gran medida de tu capacidad para confiar en otras personas y permitir que tomen control de tareas que no requieren tu atención directa. Es fundamental que identifiques qué tareas puedes asignar a otros y qué áreas requieren tu liderazgo. Como compartí anteriormente, **tu equipo es tu mayor activo**. Aprende a empoderarlos.

3. Escalar demasiado rápido

El deseo de crecer rápidamente es algo que la mayoría de los emprendedores comparten, pero **escalar demasiado rápido** puede ser un error peligroso si no tienes las bases correctas. Muchas startups mueren por éxito prematuro porque no tienen la infraestructura, el producto o el equipo adecuado para manejar un crecimiento acelerado. Esto puede resultar en problemas de calidad, insatisfacción de los clientes o la incapacidad de cumplir con las demandas del mercado.

Cómo evitarlo: Antes de escalar, asegúrate de que tu **producto** y tu **equipo** estén preparados. Define claramente tus procesos internos y asegúrate de que puedes manejar el crecimiento sin comprometer la calidad de tu servicio. Sigue el ejemplo de **Stripe**, que se enfocó en escalar de manera controlada, asegurándose de que su infraestructura tecnológica estuviera lista antes de expandirse.

4. Ignorar el feedback del mercado

Es fácil enamorarse de tu visión y decidir que tu camino es el correcto, pero uno de los errores más costosos es **ignorar el feedback de los usuarios o del mercado**. Si bien tener convicción es importante, también lo es ser flexible y escuchar a tus usuarios para adaptar tu producto. Muchos emprendedores fracasan porque no se abren a ajustar su enfoque basado en lo que sus clientes realmente necesitan.

Cómo evitarlo: Desarrolla una **cultura de iteración**. No tengas miedo de ajustar o pivotar tu producto si el mercado lo demanda. **Amazon**, bajo el liderazgo de Jeff Bezos, es un ejemplo de cómo la experimentación y el ajuste constante basado en datos ha sido fundamental para su éxito.

5. No tener un plan financiero claro

El mal manejo financiero es uno de los errores más comunes que llevan a las startups a fracasar. Muchos emprendedores se enfocan exclusivamente en el producto o en el crecimiento y descuidan la importancia de mantener un flujo de caja saludable. Sin una buena planificación financiera, es fácil quedarse sin fondos o malgastar el dinero en áreas que no generan valor inmediato.

Cómo evitarlo: Desde el principio, asegúrate de tener un **plan financiero sólido**. Monitorea tus gastos, controla tu flujo de caja y asegúrate de tener una visión clara de cómo monetizar tu producto. Empresas como **Spotify** han sabido manejar su modelo freemium, asegurándose de que la monetización llegue a través de usuarios premium y publicidad sin comprometer la experiencia gratuita.

6. Subestimar la importancia de la cultura

Uno de los errores más comunes, y menos discutidos, es **subestimar la importancia de la cultura organizacional** desde el primer día. Muchos fundadores están tan enfocados en el producto y en el crecimiento, que no dedican suficiente tiempo a definir los valores, la cultura y el ambiente de trabajo que quieren construir.

Cómo evitarlo: Construir una **cultura sólida** desde el primer día es esencial. No esperes a ser una empresa grande para pensar en los valores que guiarán a tu equipo. **Tony Hsieh** de Zappos es un gran ejemplo de cómo una cultura centrada en la felicidad y la transparencia puede ser la base del éxito a largo plazo.

7. Ser reactivo en lugar de proactivo

Otro error común es adoptar una mentalidad **reactiva**, donde solo tomas decisiones cuando surge un problema o una crisis. Este enfoque puede hacer que tu startup esté constantemente "apagando incendios" y nunca anticipándose a los desafíos. Muchos emprendedores caen en esta trampa por no dedicar suficiente tiempo a planificar estratégicamente.

Cómo evitarlo: Desarrolla una **mentalidad proactiva**. Dedica tiempo regularmente a revisar tus planes estratégicos, detectar riesgos potenciales y asegurarte de que tu equipo también esté alineado con esta forma de pensar. Empresas como **Tesla**, bajo la dirección de **Elon Musk**, han sabido anticipar los cambios en el mercado y la tecnología, lo que les ha permitido estar a la vanguardia de la innovación.

8. No saber cuándo pivotar

Muchos emprendedores caen en la trampa de seguir empujando una idea o producto que claramente no está funcionando, simplemente porque sienten que han invertido demasiado tiempo o dinero en ella. **No saber cuándo pivotar** o cambiar de dirección es uno de los errores más peligrosos, ya que puede llevar a una startup a seguir un camino que inevitablemente terminará en fracaso.

Cómo evitarlo: Aprende a **reconocer las señales** de que es hora de pivotar. Si tus clientes no están respondiendo como esperabas o el mercado está cambiando, no tengas miedo de ajustar el rumbo. **Instagram** comenzó como una aplicación de check-ins, pero los fundadores se dieron cuenta de que los usuarios se interesaban más en la función de fotos, lo que los llevó a pivotar hacia la red social que es hoy.

9. Sobrevalorar las ideas y subestimar la ejecución

Muchos emprendedores creen que su idea es lo más importante para el éxito de su startup. Pero, la realidad es que **la ejecución es lo que realmente cuenta**. Puedes tener la idea más innovadora del mundo, pero si no eres capaz de ejecutarla bien, no llegarás lejos.

Cómo evitarlo: Enfócate en la **ejecución impecable** de tu visión. Crea procesos que te permitan llevar las ideas a la realidad y ajusta rápido en función de los resultados. **Reid Hoffman**, cofundador de LinkedIn, es un gran defensor de esta idea: "Una buena ejecución puede salvar una idea mediocre, pero una mala ejecución puede arruinar una buena idea".

10. No construir relaciones a largo plazo con inversores y socios

El enfoque en lo inmediato muchas veces hace que los fundadores descuiden la importancia de **cultivar relaciones a largo plazo** con inversores, socios estratégicos y hasta competidores. Estos contactos pueden ser cruciales para el éxito de tu empresa, tanto en momentos de expansión como de crisis.

Cómo evitarlo: Invierte tiempo en **construir relaciones** de calidad con personas clave de tu industria. Estas conexiones no solo te ayudarán a obtener inversión, sino que también te brindarán asesoramiento, apoyo y oportunidades para escalar tu negocio cuando lo necesites.

Conclusión: Aprende de los errores, propios y ajenos

En el camino emprendedor, **los errores son inevitables**, pero lo que realmente define a un emprendedor exitoso es su capacidad para **aprender de ellos** y evitar repetir los mismos errores. Tanto tus propios fracasos como los errores cometidos por otros fundadores son fuentes invaluables de aprendizaje. Escuchar podcasts, leer crónicas de fracasos y ser parte de comunidades donde el fracaso no sea un tabú, como lo hacemos en **El Ecosistema Startup**, es clave para **aprender y evolucionar**. Al final, lo importante no es cuántos errores cometas, sino **qué haces con lo que aprendes de ellos**.

CAPÍTULO 8

Preparación para Inversiones

¿CUÁNDO Y CÓMO BUSCAR INVERSIÓN?

Uno de los momentos más importantes en la vida de una startup es decidir **cuándo y cómo buscar inversión**. Muchos emprendedores se lanzan en busca de capital demasiado pronto, cuando aún no han validado su producto o no tienen claras las métricas de crecimiento que pueden presentar a los inversionistas. **Buscar inversión antes de tiempo puede ser un error costoso**, porque comprometes parte de tu empresa sin estar en la posición adecuada para negociar un buen trato.

Mi enfoque, basado en mi experiencia y lo que he aprendido a lo largo de los años, es que deberías **buscar capital cuando ya tienes algo probado**, no cuando estás luchando por sobrevivir. La inversión debe ser vista como una herramienta para **escalar tu negocio** y no para mantenerlo a flote. La clave está en demostrar que tu producto o servicio ha alcanzado un **nivel de validación**, y que lo que realmente necesitas es capital para **acelerar el crecimiento**.

Aquí te comparto algunos consejos sobre **cuándo** es el

momento adecuado para buscar inversión y **cómo** prepararte para atraer a los inversionistas correctos.

1. Busca inversión cuando ya hayas validado tu MVP

Uno de los mayores errores que cometen los emprendedores es salir a buscar inversión antes de haber validado su **MVP (Producto Mínimo Viable)**. La validación del MVP implica que ya has lanzado una versión básica de tu producto o servicio y has recibido feedback del mercado que demuestra que hay **demanda real**. Esto significa que los usuarios están utilizando tu producto y que puedes mostrar un **ajuste entre tu solución y el problema** que resuelves.

Por qué es importante: Los inversionistas no solo buscan ideas innovadoras, buscan **pruebas** de que tu idea funciona y de que ya hay tracción en el mercado. Al tener un MVP validado, puedes mostrar evidencia concreta de que hay interés en lo que ofreces. En lugar de pedir capital para ver si tu idea funciona, estás mostrando que con más recursos podrás **escalar**.

Consejo práctico: Asegúrate de que tu MVP haya sido probado con usuarios reales y de que tengas datos claros sobre su aceptación. Estos datos serán tu argumento para demostrar que ya has superado la etapa de validación y que estás listo para crecer con inversión.

2. Muestra que la inversión se usará para escalar, no para sobrevivir

Uno de los principios que más valoro es la idea de que **debes buscar inversión para crecer, no para sobrevivir**. Si te acercas a los inversionistas en una situación de desesperación, cuando tu empresa está en riesgo de colapsar por falta de fondos, no estarás en la mejor posición para negociar. Los inversionistas quieren ver que tu startup está funcionando, pero que necesita capital para **escalar** lo que ya has probado, no para mantenerse a flote.

Por qué es importante: Demostrar que tienes un plan claro de **cómo el capital se invertirá en crecimiento** genera confianza en los inversionistas. Muestra que entiendes tu negocio y que solo necesitas inversión para expandirlo, no para resolver problemas de operación o mantenerte vivo.

Consejo práctico: Ten un plan claro de cómo utilizarás el dinero que vas a recibir. Desglosa cómo la inversión te permitirá aumentar tus **ventas, usuarios o infraestructura**, y asegúrate de comunicar que la empresa es autosuficiente a nivel operativo, pero que con inversión puede multiplicar su impacto.

3. Ten métricas claras y usa datos para respaldar tu caso

Los inversionistas quieren ver **números**. Sin importar en qué etapa te encuentres, necesitarás demostrar con métricas claras que tu producto tiene **potencial de crecimiento**. Esto incluye datos sobre tu **tracción, coste de adquisición de clientes (CAC), tasa de retención, tamaño del mercado**, y cualquier otro KPI que sea relevante para tu industria.

Por qué es importante: Las métricas son lo que convierten tu discurso en algo tangible. Es fácil hablar de una gran visión y prometer el cielo, pero los inversionistas quieren datos que respalden esas promesas. Si puedes mostrar que tu producto ya está generando ingresos o que tienes una base de usuarios activa y en crecimiento, serás mucho más convincente.

Consejo práctico: Antes de buscar inversión, asegúrate de tener tus métricas organizadas y listas para ser presentadas. Usa herramientas como **Google Analytics**, **Mixpanel** o tu propio

CRM para medir el comportamiento de tus usuarios, y presenta esos datos en tu pitch de manera clara y sencilla.

4. Conoce a tus inversionistas: elige socios, no solo dinero

No todos los inversionistas son iguales, y uno de los errores que cometen los emprendedores es aceptar dinero de cualquiera sin evaluar **qué tipo de valor adicional** puede aportar el inversionista. Es crucial entender que los inversionistas no solo te proporcionarán dinero, también deben actuar como **socios estratégicos** que te ayuden a crecer, te conecten con otras oportunidades y te brinden asesoramiento.

Por qué es importante: Un buen inversionista puede hacer mucho más por tu empresa que simplemente inyectar capital. Los mejores inversionistas aportan **conexiones**, **consejo** y **credibilidad**. Elige inversionistas que estén alineados con tu visión y que tengan experiencia en tu sector.

Consejo práctico: Investiga a los fondos de inversión o ángeles que te interesan. Antes de firmar cualquier acuerdo, asegúrate de que el inversionista tiene el **conocimiento y la red** necesarios para ayudarte a crecer. Prefiere a los inversionistas que tengan un historial en tu industria y puedan actuar como mentores.

5. Sé realista con la valoración de tu empresa

Otro error común es sobrevalorar tu empresa en las primeras etapas. Si bien todos los emprendedores sueñan con crear el próximo unicornio, es fundamental que seas **realista** con la **valoración de tu empresa**. Si intentas sobrevalorar tu startup sin pruebas suficientes para respaldar esa cifra, puedes alejar a inversionistas potenciales o, peor aún, perder el control de tu empresa al ceder demasiadas acciones.

Por qué es importante: Los inversionistas quieren ver

consistencia entre la valoración que pides y la etapa en la que te encuentras. Si pides demasiado capital a cambio de un porcentaje pequeño en las primeras etapas, puedes perder credibilidad. También corres el riesgo de **diluirte demasiado** si aceptas una valoración muy alta pero luego no logras alcanzar las metas.

Consejo práctico: Consulta con otros emprendedores, asesores o incluso inversores para obtener una evaluación objetiva de tu empresa. Utiliza métricas como **ingresos**, **número de usuarios** y **crecimiento mensual** para establecer una valoración razonable. Es mejor tener una valoración modesta y demostrar crecimiento, que sobrevalorar y no cumplir las expectativas.

6. Aprovecha los recursos antes de buscar inversión

Antes de buscar inversión externa, aprovecha al máximo los **recursos gratuitos** y el **capital propio**. Hoy en día, hay muchas herramientas y servicios que ofrecen **tiers gratuitos** o precios muy accesibles, lo que te permite avanzar sin necesidad de buscar dinero desde el primer día. Plataformas como **Google Workspace**, **Cloudflare**, **Notion**, **Asana**, y **Slack**, ofrecen funcionalidades clave que pueden ayudarte a operar y crecer sin incurrir en grandes costos.

Por qué es importante: Al ser eficiente con los recursos que tienes, demuestras a los inversionistas que puedes **optimizar tu operación** y que no dependes de ellos para sobrevivir. Esto no solo aumenta tu credibilidad, sino que también te permite avanzar sin diluir tu participación en la empresa demasiado pronto.

Consejo práctico: Utiliza herramientas gratuitas en las primeras etapas y maximiza tu capacidad de generar valor sin grandes inversiones. Este enfoque demuestra tu capacidad para ser **ágil y eficiente**, algo que los inversionistas valoran mucho.

7. Elige el tipo de inversión adecuado para tu etapa

No todas las startups necesitan el mismo tipo de inversión. Dependiendo de la etapa en la que te encuentres, puede ser más apropiado buscar un tipo de inversión diferente: **ángeles inversionistas**, **fondos de capital de riesgo (VC)**, o incluso **bootstrapping** si es posible. Cada uno de estos enfoques tiene sus ventajas y desventajas.

Por qué es importante: Elegir el tipo de inversión adecuado te permite **maximizar las oportunidades** sin comprometer demasiado tu empresa. En las primeras etapas, los ángeles inversionistas pueden ser una excelente opción porque tienden a ser más flexibles y menos exigentes en cuanto a métricas financieras que los fondos de VC.

Consejo práctico: Evalúa tus necesidades de crecimiento y qué tipo de capital te conviene. Si solo necesitas un pequeño empujón para avanzar, los ángeles inversionistas o financiamiento de familia/amigos pueden ser suficientes. Si ya tienes tracción sólida y un producto probado, podrías considerar los fondos de VC.

Conclusión: El capital debe ser un catalizador, no una solución desesperada

Buscar inversión es una parte crucial del crecimiento de una startup, pero debe hacerse **en el momento adecuado** y con una estrategia clara. No se trata de buscar capital para sobrevivir, sino de utilizarlo como una herramienta para **escalar lo que ya has validado**. Prepárate con métricas claras, una visión sólida y un plan detallado de cómo usarás ese capital para multiplicar el impacto de tu empresa. Recuerda, los inversionistas son socios estratégicos, no solo fuentes de dinero.

QUÉ BUSCAN LOS INVERSORES EN STARTUPS TECNOLÓGICAS

Para cualquier startup tecnológica que busque capital, entender **qué es lo que realmente buscan los inversores** es crucial. Muchas veces se piensa que solo basta con tener una idea innovadora, pero la realidad es que los inversionistas buscan mucho más que eso. No solo están evaluando el producto, sino también el **equipo detrás**, el **potencial de crecimiento** y, algo que es fundamental en mi tesis de inversión, la relación personal con los fundadores y si puedo **aportar valor real**.

En mi experiencia, el **inversor no es un simple proveedor de capital**; para que una inversión sea exitosa, debe haber una **alineación clara** entre lo que el inversor puede aportar y las necesidades de la startup. A lo largo de mi recorrido, he aprendido que si no me llevo bien con los fundadores o no siento que puedo **aportar tiempo, conocimiento, contactos y apoyo**, prefiero no invertir. Los inversionistas no invierten por caridad; buscamos proyectos que no solo tengan potencial, sino en los que podamos **añadir valor estratégico**.

A continuación, te presento los **factores clave** que los inversores tienden a buscar en las startups tecnológicas, con un enfoque en lo que yo personalmente considero más importante en mi proceso de decisión.

1. Relación sólida con los fundadores

Para mí, la relación con los fundadores es uno de los aspectos más importantes al evaluar una inversión. Más allá de la idea o el producto, necesito sentir que **me llevo bien con los emprendedores** y que hay una buena conexión personal y profesional. Invertir en una startup es un compromiso a largo plazo, y para que funcione, debe haber una **comunicación abierta, confianza mutua** y la seguridad de que vamos a poder trabajar juntos en las decisiones estratégicas.

Por qué es importante: Si no hay una buena relación entre inversor y fundador, es difícil que la colaboración sea fluida. Como inversor, no solo quiero ser parte del crecimiento financiero de la startup, sino también **apoyar a los fundadores en los desafíos** que enfrentarán a lo largo del camino. Si siento que no puedo tener una relación constructiva con ellos, prefiero no involucrarme.

Consejo práctico: Antes de buscar inversión, **fomenta relaciones auténticas** con posibles inversores. No busques simplemente el dinero, sino a personas que puedan conectarse con tu visión y trabajar contigo a largo plazo.

2. Capacidad del inversor para aportar valor

Cuando decido invertir, siempre me pregunto: **¿puedo realmente aportar valor** a esta startup? Si no tengo **tiempo, conocimiento, contactos** o simplemente **ganas** de apoyar al proyecto más allá del capital, prefiero no invertir. Es fundamental que, como inversor, pueda ofrecer algo más que dinero. Involucrarme en el crecimiento, abrir puertas a nuevas oportunidades y proporcionar feedback estratégico son factores clave para que la relación inversor-startup sea exitosa.

Por qué es importante: El capital puede venir de muchas fuentes, pero un inversor que está **comprometido** con el éxito del proyecto aporta mucho más que dinero. Para mí, invertir es también una oportunidad de ayudar al equipo a **superar obstáculos, encontrar clientes** o **acceder a nuevos mercados**.

Consejo práctico: Al buscar inversión, no te enfoques solo en el dinero. Evalúa qué tipo de **valor agregado** puede aportar el inversor en términos de experiencia, red de contactos y mentoría. Los mejores inversores no son solo aquellos que te financian, sino quienes pueden acompañarte en los momentos clave.

3. Tracción y validación del producto

Uno de los factores más importantes para cualquier inversor es ver que el producto o servicio ha alcanzado un cierto nivel de **validación de mercado**. No busco simplemente ideas interesantes o innovadoras, sino startups que ya hayan probado su propuesta con usuarios reales. La **tracción** es una señal clara de que el producto está resolviendo un problema real, y que con la inversión adecuada puede **escalar rápidamente**.

Por qué es importante: La tracción demuestra que hay una **demanda real** y que el producto tiene espacio para crecer. No solo se trata de promesas, sino de **evidencia concreta** de que los clientes están interesados y comprometidos con la solución que la startup ofrece.

Consejo práctico: Antes de buscar inversión, asegúrate de que tu **MVP** ha sido validado y tienes datos claros que respalden su aceptación en el mercado. No busques inversión solo para probar si tu idea funciona, sino para **escalar algo que ya está validado**.

4. Escalabilidad del modelo de negocio

Además de la validación del producto, es crucial que el modelo de negocio sea **escalable**. Los inversores en startups tecnológicas buscan proyectos que puedan crecer rápidamente sin que los costos se disparen. Un modelo de negocio escalable es aquel que permite **aumentar los ingresos** sin que los costos operativos crezcan al mismo ritmo, lo que genera mayores márgenes y más rentabilidad a medida que la empresa crece.

Por qué es importante: Un negocio que no puede escalar de manera eficiente no será atractivo para los inversores. Para que una inversión sea rentable, debe haber un **camino claro hacia la expansión** sin comprometer la sostenibilidad financiera.

Consejo práctico: Durante tu pitch, explica cómo tu modelo de negocio puede escalar. Proporciona ejemplos de cómo puedes aumentar tus usuarios o clientes sin que eso signifique un aumento exponencial en los costos operativos.

5. Capacidad de adaptación del equipo

En el mundo de las startups, la capacidad de **adaptación** es fundamental. Muchas veces, los fundadores empiezan con una idea y, al interactuar con el mercado, se dan cuenta de que deben **pivotar** o ajustar su enfoque. Los inversores buscan equipos que no solo sean resilientes, sino que también tengan **la humildad y la flexibilidad** para ajustar su estrategia según las necesidades del mercado.

Por qué es importante: La adaptabilidad es clave para el éxito a largo plazo. Un equipo que se aferra demasiado a una idea sin escuchar al mercado o sin estar dispuesto a cambiar de dirección es un riesgo para cualquier inversor. Quiero trabajar con fundadores que entienden que el mercado puede cambiar y que saben cómo responder a esos cambios de manera efectiva.

Consejo práctico: Durante las conversaciones con los inversores, demuestra que tu equipo tiene la **mentalidad de crecimiento** necesaria para adaptarse si el mercado o los clientes lo requieren. Habla de cómo manejas el feedback y las iteraciones del producto.

. . .

6. Visión a largo plazo y ejecución estratégica

Si bien los inversores quieren ver tracción y validación en el corto plazo, también buscan fundadores que tengan una **visión a largo plazo**. No se trata solo de alcanzar hitos inmediatos, sino de construir una empresa con una estrategia sólida para el futuro. Los inversores quieren saber que el equipo tiene claro hacia dónde quiere llevar la empresa en 5 o 10 años y que están **pensando en grande**.

Por qué es importante: La visión a largo plazo demuestra que el equipo no está enfocado únicamente en sobrevivir, sino en **escalar y dominar el mercado**. Quiero invertir en empresas que piensen en grande y que estén construyendo algo con potencial para ser un referente en su sector.

Consejo práctico: Al buscar inversión, asegúrate de compartir no solo los objetivos a corto plazo, sino también tu **visión de futuro**. Los inversores quieren saber qué dirección planeas tomar y cómo te ves escalando la empresa en los próximos años.

7. Riesgos calculados y mitigación de amenazas

Los inversores son conscientes de que toda inversión implica riesgos, pero buscan equipos que **entiendan los riesgos** y tengan un **plan de mitigación**. Identificar los desafíos y presentar estrategias claras para superarlos muestra un nivel de madurez en los fundadores que los hace más atractivos a los ojos de los inversores.

Por qué es importante: Reconocer los riesgos es fundamental para **tomar decisiones estratégicas inteligentes**. Un equipo que está preparado para enfrentar los desafíos es mucho más confiable para los inversionistas.

Consejo práctico: No ocultes los riesgos cuando presentes tu empresa. Explica cómo planeas **mitigarlos** y las estrategias que estás implementando para minimizar su impacto en el negocio.

Conclusión: Lo que realmente buscan los inversores en startups tecnológicas

En resumen, los inversores no solo buscan **ideas innovadoras** o **productos tecnológicos disruptivos**, sino que evalúan la **calidad del equipo**, la **validación del producto**, y la **relación que pueden construir con los fundadores**. En mi caso, busco startups donde no solo vea potencial, sino en las que sienta que puedo **aportar valor real**, y donde la relación con los fundadores sea auténtica y colaborativa. Los inversores están ahí para ayudar a **escalar** proyectos validados, no para rescatar empresas que buscan sobrevivir.

∽

CÓMO PRESENTAR TU STARTUP A INVERSORES

Presentar tu startup a inversores es mucho más que describir un producto o solicitar capital. Se trata de contar una historia sólida, respaldada por **tracción real**, con un **modelo de negocio escalable** y, algo que considero fundamental: transmitir la **pasión** y el **propósito** que te impulsan a resolver el problema que has identificado. Los inversores no solo buscan grandes ideas, sino también equipos que tengan el **compromiso** y la **resiliencia** para enfrentar los desafíos del camino. Si no puedo sentir esa pasión por parte de los fundadores, para mí es una señal de alerta.

En las secciones anteriores hemos cubierto **qué buscan los inversores en startups tecnológicas** y **cuándo y cómo buscar inversión**. Ahora, vamos a profundizar en cómo estructurar un pitch que no solo cubra esos aspectos esenciales, sino que también **comunique la energía y el propósito** que te motiva a construir tu startup. Esto es lo que verdaderamente puede diferenciar tu presentación y captar la atención de los inversores.

1. Comienza con una historia que conecte emocionalmente

Toda presentación debe empezar por una **historia que conecte emocionalmente** con los inversores. No solo estás presentando un producto o una solución técnica; estás compartiendo el **porqué detrás de lo que haces**. ¿Qué fue lo que te motivó a resolver este problema? ¿Por qué tú y tu equipo están tan comprometidos con esta solución? Esta parte es crucial para mostrar tu **pasión** y el propósito que te mueve a superar los obstáculos.

Por qué es importante: Los inversores quieren ver más que un producto funcional. Quieren conocer el **motivo personal** detrás de la startup y cómo ese propósito fortalece tu capacidad para mantenerte firme ante las dificultades. La pasión y el propósito son grandes indicadores de la **resiliencia** de los fundadores.

Consejo práctico: Cuenta una **historia personal** sobre cómo descubriste el problema que estás resolviendo, por qué es tan importante para ti y cómo esto te ha llevado a formar un equipo comprometido. Esto es clave para destacar en tu presentación, especialmente si te apoyas en la **conexión emocional** que ya hemos mencionado en las secciones anteriores.

2. Explica por qué tú y tu equipo son los indicados para resolver este problema

Un aspecto esencial para cualquier inversor es entender

por qué tú y tu equipo son los más adecuados para resolver el problema que has identificado. No se trata solo de habilidades técnicas, sino de las **experiencias previas** y las **competencias complementarias** que los hacen únicos para ejecutar esta visión. A mí personalmente me gusta escuchar por qué crees que eres **el equipo ideal** para llevar esta solución al mercado, y cómo esa combinación de habilidades, conocimientos y determinación los diferencia de otros.

Por qué es importante: Los inversores necesitan estar seguros de que no solo tienes una buena idea, sino que tu equipo tiene la **experiencia**, las **habilidades** y el **compromiso** para llevar esa idea a buen puerto. Esto refuerza la confianza en que podrán superar los desafíos que inevitablemente surgirán.

Consejo práctico: Habla de la **complementariedad del equipo**. Explica cómo las experiencias previas de los fundadores, tanto en lo personal como en lo profesional, los preparan para ejecutar esta visión mejor que cualquier otro. Resalta las fortalezas de cada miembro del equipo y su rol en el éxito de la startup. Esto está alineado con lo discutido sobre la importancia del equipo en la sección **qué buscan los inversores en startups tecnológicas**.

3. Demuestra la tracción y cómo el propósito ha impulsado tu validación

Uno de los puntos clave de cualquier presentación es mostrar **tracción**. Ya hemos mencionado la importancia de presentar datos claros sobre el crecimiento de usuarios o ventas, pero es igual de importante conectar estos logros con el **propósito** que te mueve. Los inversores quieren ver que tu pasión por resolver este problema ha sido un motor para avanzar más rápido y superar los obstáculos.

Por qué es importante: La tracción por sí sola es poderosa, pero cuando los inversores pueden ver que tu **propósito**

ha sido clave en ese crecimiento, entenderán que hay una **motivación interna** que no depende únicamente de los resultados inmediatos. Esto muestra que eres alguien que seguirá impulsando el negocio en los momentos difíciles.

Consejo práctico: Presenta tus métricas de tracción, pero hazlo en el contexto de tu propósito. Explica cómo esa misión de resolver un problema ha llevado a tu equipo a trabajar incansablemente para validar el producto. Esto conecta directamente con lo que discutimos sobre **cuándo buscar inversión**, cuando la startup ya ha probado su modelo y está lista para escalar.

4. Explica tu modelo de negocio y cómo el capital te ayudará a escalar

No puedes dejar de lado la explicación de tu **modelo de negocio**. Los inversores necesitan entender cómo planeas **monetizar** tu producto y, más importante aún, cómo vas a **escalar** de manera eficiente. Asegúrate de mostrar cómo tu equipo, además de estar motivado por el propósito, también tiene un plan claro para **convertir esa visión en un negocio rentable**.

Por qué es importante: Un propósito fuerte puede impulsar el negocio, pero los inversores quieren ver que tienes un plan concreto para monetizar tu solución y que el capital que estás buscando será usado para **amplificar** lo que ya funciona.

Consejo práctico: Explica cómo usarás la inversión para **escalar el negocio**. Haz una conexión entre el propósito que te impulsa y cómo la **inversión acelerará ese impacto**. Muestra cómo tienes la capacidad de crecer sin que tus costos se disparen, algo que los inversores quieren ver para asegurarse de que es una inversión escalable.

. . .

5. Destaca la resiliencia de tu equipo y cómo enfrentan los desafíos

Los inversores saben que el camino del emprendimiento está lleno de desafíos. Quieren ver que tú y tu equipo tienen la **resiliencia** necesaria para enfrentarlos, especialmente cuando las cosas no salen como esperaban. Tu **pasión por el propósito** y la **capacidad para adaptarte** son señales clave de que podrás navegar los momentos difíciles.

Por qué es importante: La resiliencia es uno de los factores más importantes para el éxito a largo plazo. Los inversores no solo están apostando por el producto actual, sino por la capacidad del equipo para mantenerse enfocado y superar los momentos difíciles. Esto conecta directamente con la idea de que el **inversor no invierte por caridad**, sino porque cree que puedes llevar tu startup a buen puerto incluso en circunstancias adversas.

Consejo práctico: Habla de los desafíos que ya has enfrentado y cómo los has superado. Relaciona estos ejemplos con tu **pasión por resolver el problema** y cómo te ha ayudado a mantener la motivación durante los momentos difíciles. Esto refuerza lo que discutimos en **qué buscan los inversores en startups tecnológicas**, donde la **adaptabilidad** y la **visión a largo plazo** son clave.

6. Cierra con una visión clara de crecimiento y una llamada a la acción

Finalmente, cierra tu presentación con una visión clara de hacia dónde se dirige tu startup en los próximos años. Los inversores necesitan ver que no solo estás resolviendo un problema hoy, sino que tienes una estrategia clara para **escalar y maximizar el impacto** en el futuro. Termina con una **llamada a la acción clara**, especificando el monto de la inversión que estás buscando y cómo esa inversión permitirá llevar tu visión al siguiente nivel.

Por qué es importante: Terminar con una visión sólida de crecimiento les da a los inversores una imagen clara de lo que pueden esperar en el futuro. Al tener una llamada a la acción clara, indicas que sabes exactamente qué necesitas y cómo planeas usar esos fondos para **amplificar el impacto**.

Consejo práctico: Resalta tu visión a largo plazo y cómo el propósito que te impulsa no solo te ayudará a crecer, sino también a **escalar de manera sostenible**. Haz una conexión entre la inversión y el impacto que tendrá en la expansión de tu startup.

Conclusión: Cómo conectar con los inversores a través de pasión y propósito

Al presentar tu startup a inversores, recuerda que se trata de **más que números y productos**. Se trata de comunicar la **pasión** y el **propósito** que te impulsa a resolver un problema, y de demostrar por qué tú y tu equipo son los **mejores para hacerlo**. Los inversores buscan startups que tengan **tracción, escalabilidad** y un **equipo resiliente**, pero también quieren ver que hay un **propósito fuerte** que los impulsa. Si puedes transmitir esa pasión, junto con datos claros y un modelo de negocio sólido, estarás mucho más cerca de captar la atención y el capital de los inversores adecuados.

CAPÍTULO 9
Conclusión

RESUMEN DE LOS PUNTOS CLAVE

A lo largo de este libro, hemos explorado de manera profunda las **estrategias, aprendizajes y errores comunes** que enfrentan los emprendedores tecnológicos. Desde la **validación del producto** hasta el momento en que decides **buscar inversión**, pasando por los **valores fundamentales de liderazgo** y **gestión del tiempo**, cada lección se ha centrado en brindarte las herramientas necesarias para llevar tu startup hacia el éxito.

Este resumen te ayudará a consolidar los conceptos clave que hemos cubierto, asegurándote de que tengas una visión clara y práctica sobre cómo aplicar estos principios en tu camino como emprendedor. Aquí están los puntos clave más importantes:

1. El emprendimiento no es para todos, pero sí para los resilientes

En el **Capítulo 1**, discutimos si el **emprendimiento es**

adecuado para todos. La conclusión es que, aunque cualquier persona puede intentarlo, solo aquellos que están preparados para ser **resilientes** ante las dificultades encontrarán el éxito a largo plazo. Esto implica saber cuándo **pivotar**, cuándo seguir adelante, y sobre todo, cuándo escuchar al mercado y aprender de los errores.

• **Diferentes tipos de emprendimiento**: Desde freelancers hasta solopreneurs y startups tradicionales, cada tipo de emprendedor tiene su propio enfoque y desafío, pero todos comparten la necesidad de adaptarse y ser resilientes.

2. El propósito y la pasión como motor del éxito

En el **Capítulo 2**, exploramos la importancia de tener un **propósito claro** que esté alineado con tu negocio. Lo que te apasiona no solo define tu enfoque, sino también tu capacidad para **superar los tiempos difíciles**. La pasión y el propósito no son opcionales; son la fuerza que impulsa el crecimiento y la perseverancia.

• **El rol de la pasión en el éxito**: Más que el dinero o el reconocimiento, la verdadera motivación de un emprendedor exitoso es la pasión por resolver un problema.

• **Cómo tu propósito personal puede alinearse con tu negocio**: Tener claro qué te motiva personalmente y cómo eso se refleja en tu startup te permitirá construir algo sostenible y con impacto.

3. No te enamores de la solución, enamórate del problema

En el **Capítulo 3**, uno de los puntos más importantes fue el concepto de **enamorarse del problema** que estás resolviendo, no de la solución que has creado. Muchos emprendedores se aferran a una tecnología o producto específico, pero lo realmente importante es estar dispuesto a adaptarte y evolucionar según las necesidades del mercado.

• **Cómo construir un MVP efectivo**: El enfoque debe estar en crear algo mínimo pero funcional que te permita validar con usuarios reales. El objetivo es lanzar rápido y aprender más rápido.

• **Técnicas para validar tu producto sin gastar demasiado**: Validar en el mercado real, con feedback de usuarios, es esencial. No necesitas grandes recursos, sino un enfoque práctico y ágil para probar tu idea.

4. Encontrar el Product-Market Fit: tu misión principal

En el **Capítulo 4**, discutimos la importancia de encontrar el **Product-Market Fit**. Hasta que lo consigas, todo lo demás debe ser secundario. A partir del feedback y el uso real de tu producto, podrás ajustar y mejorar para alinearte con lo que realmente necesita el mercado.

• **Signos de que has encontrado el mercado correcto**: Los usuarios comienzan a recomendar tu producto por su cuenta, las ventas aumentan de manera orgánica y el interés del mercado se sostiene sin empujarlo.

• **Ajustes y pivotes si no llegas al Product-Market Fit**: Si no ves estos signos, debes estar listo para pivotar o ajustar tu enfoque, reconociendo los errores y adaptando tu estrategia en lugar de insistir en una solución que no conecta.

5. Escalar tu negocio de manera sostenible

En el **Capítulo 5**, nos enfocamos en cómo llevar tu startup al siguiente nivel con un crecimiento que sea **sostenible** y no ponga en riesgo la estabilidad del negocio. Crecer demasiado rápido, sin bases sólidas, puede ser tan peligroso como no crecer en absoluto.

tropiezo me enseñó algo nuevo, desde cómo manejar mejor el tiempo, hasta cómo construir un equipo comprometido o cómo pivotar una estrategia para encontrar el product-market fit.

Pero la **verdadera satisfacción** no vino solo con el dinero asociado a la venta de la empresa. Sí, eso fue parte del éxito, pero lo más valioso fue la sensación de **haberlo logrado**, de haber construido algo desde cero y haber superado todos los obstáculos. El orgullo y la satisfacción de mirar hacia atrás y ver cómo lo que alguna vez fue una idea se convirtió en algo tangible, algo que resolvía problemas para muchas personas, es **increíblemente gratificante**.

Lo que quiero transmitir es que **ser emprendedor no es fácil**, y el camino estará lleno de momentos en los que querrás rendirte. Habrá días en los que sentirás que estás al borde de colapsar, en los que todo parecerá imposible. Pero es **en esos momentos** donde se mide tu capacidad para **seguir adelante**, para aprender de cada error, y para adaptarte a las circunstancias.

Esos momentos de dificultad son los que forjan tu carácter y te preparan para el éxito. **El emprendimiento es un maratón, no una carrera de velocidad,** y la clave es mantener la **resiliencia**, la **determinación** y la **creencia en ti mismo** a lo largo del proceso. Cada paso te acerca a tu objetivo, y cuando llegues, verás que todo el esfuerzo valió la pena.

Recuerda siempre que el éxito no es solo el destino, sino todo lo que aprendes y logras en el camino. **Cada desafío te fortalece**, cada fracaso te enseña, y cada pequeña victoria es un paso hacia ese objetivo más grande. Al final del día, el verdadero éxito radica en que fuiste capaz de **tomar una idea, enfrentar los obstáculos** más duros, y construir algo que deje un impacto real en el mundo.

Así que sigue adelante. **El camino puede ser difícil**, pero te aseguro que **vale la pena cada esfuerzo**.

MOTIVACIÓN PARA LOS EMPRENDEDORES: EL CAMINO PUEDE SER DIFÍCIL, PERO VALE LA PENA

Emprender es, sin duda, uno de los desafíos más grandes que cualquier persona puede enfrentar. El camino está lleno de incertidumbre, momentos de duda, fracasos y, a veces, una sensación de aislamiento. Sin embargo, lo que he aprendido en mi recorrido es que, a pesar de lo difícil que puede ser, **vale la pena cada paso**. No porque el éxito esté garantizado, sino porque las **lecciones aprendidas**, la **satisfacción de lograr tus objetivos** y el **crecimiento personal** que viene con el proceso son recompensas que van mucho más allá del dinero.

En mi experiencia personal, **sacar adelante mi startup fue extremadamente difícil**. Tuve que enfrentar una cantidad de desafíos para los cuales no estaba preparado. Caí en el hospital varias veces por el estrés, la falta de descanso y la presión de sacar adelante el proyecto. No sabía cómo levantar capital, no tenía idea de cómo manejar equipos profesionales, vender mis servicios o encontrar mi público ideal. Literalmente, todo fue una lección que aprendí **a base de prueba y error**.

Cada uno de esos desafíos me llevó al límite, pero también me enseñó a **superar obstáculos** que nunca imaginé que podría enfrentar. Recuerdo estar completamente perdido al tratar de aprender sobre mecanismos de levantamiento de capital, o incluso al intentar estructurar mi equipo y organizar el crecimiento de la empresa. Hubo días en los que parecía que todo estaba a punto de colapsar. Sin embargo, poco a poco, fui ganando claridad, aprendiendo de mis errores, y tomando decisiones más inteligentes.

Esos momentos de dificultad son, irónicamente, los que más me formaron como emprendedor. Aprendí que el **fracaso no es el enemigo**; es una parte integral del camino. **Cada** equipo comprometido, un modelo de negocio escalable, y validación del mercado. La relación con los fundadores es clave, ya que los inversores necesitan sentir que pueden aportar valor y colaborar de manera efectiva con el equipo.

• **Cómo presentar tu startup a inversores**: Contar una historia convincente, mostrar tracción clara y tener un plan detallado sobre cómo la inversión se usará para crecer son aspectos críticos. Además, transmitir **pasión** y **propósito** es fundamental para conectar emocionalmente con los inversores.

Conclusión: Aplicar los aprendizajes para tu camino emprendedor

Este libro ha sido una guía práctica diseñada para llevarte paso a paso a través de los retos que enfrentan los emprendedores tecnológicos. Hemos explorado desde los errores comunes hasta las estrategias más efectivas para validar, escalar y obtener inversión. El **emprendimiento no es fácil**, pero con las herramientas, mentalidad y enfoque adecuados, puedes construir algo verdaderamente significativo.

Recuerda siempre que el éxito no viene solo de tener una buena idea, sino de la **ejecución**, la **resiliencia**, y la capacidad de **aprender de los errores**. Tu pasión y propósito son lo que te impulsarán a través de los momentos difíciles y, finalmente, te llevarán al éxito.

- **Claves para escalar una startup tecnológica**: Crear procesos escalables, rodearte de un equipo talentoso, y asegurarte de que tu infraestructura pueda soportar un aumento de usuarios o clientes sin comprometer la calidad.
- **Casos prácticos de escalabilidad**: Aprender de ejemplos de empresas exitosas te da una referencia clara de qué esperar al momento de escalar tu startup.

6. La gestión del tiempo es esencial en las primeras etapas

El **Capítulo 6** se centró en la **gestión del tiempo y recursos**. Ser eficiente con tu tiempo es fundamental, especialmente en las primeras etapas, cuando los recursos son limitados y cada hora cuenta. Aquí, la clave es aprender a **priorizar** y **delegar** de manera efectiva.

- **Priorizar tareas y delegar**: No puedes hacerlo todo tú mismo. Aprende a identificar qué tareas son críticas para tu crecimiento y cuáles pueden ser delegadas a otros miembros del equipo.
- **Herramientas recomendadas para la gestión del tiempo**: Herramientas como **Notion**, **Asana** y **Slack** son excelentes para mantener la organización y mejorar la productividad, sin incurrir en costos innecesarios en las primeras etapas.

7. Buscar inversión solo cuando estés listo para escalar

En el **Capítulo 8**, uno de los temas más importantes fue **cuándo y cómo buscar inversión**. Debes asegurarte de que has validado tu producto, encontrado tracción y tienes métricas que demuestran que estás listo para escalar. Buscar capital antes de tiempo solo puede poner en riesgo tu startup.

- **Qué buscan los inversores en startups tecnológicas**: Los inversores no buscan solo una idea innovadora, sino un

Notas

www.ingramcontent.com/pod-product-compliance
Lightning Source LLC
Chambersburg PA
CBHW050308230526
45471CB00005B/2073